Paris

1890

Egger, Victor-Emile

Science ancienne et science moderne

SCIENCE A[illegible]

ET

SCIENCE MODERNE

PAR

VICTOR EGGER

PROFESSEUR A LA FACULTÉ DES LETTRES DE NANCY

Extrait de la *Revue internationale de l'Enseignement*
des 15 Août et 15 Septembre 1890

PARIS

ARMAND COLIN ET Cie, ÉDITEURS

1, 3, 5, RUE DE MÉZIÈRES

1890

SCIENCE ANCIENNE

ET

SCIENCE MODERNE

PAR

VICTOR EGGER

PROFESSEUR A LA FACULTÉ DES LETTRES DE NANCY

Extrait de la *Revue internationale de l'Enseignement*
des 15 Août et 15 Septembre 1890

PARIS

ARMAND COLIN ET Cie, ÉDITEURS

1, 3, 5, RUE DE MÉZIÈRES

1890

SCIENCE ANCIENNE ET SCIENCE MODERNE

I

Pourquoi ce que nous appelons *la science moderne* est-il en effet une chose moderne? Comment les anciens, qui ont été les maîtres des modernes dans tous les genres de l'art et de la littérature, dans la philosophie, et même dans la plupart des sciences particulières, n'ont-ils pas su organiser cet ensemble coordonné et progressif de connaissances et de méthodes que nous nommons aujourd'hui d'un seul mot : *la science?* Aujourd'hui *la science* existe ; elle a sa vie propre; elle est constituée par des hommes qui savent et qui pensent, qui cherchent et qui trouvent, qui instruisent et forment leurs continuateurs, par le lien d'estime mutuelle, d'approbation, d'assentiment plus ou moins complet, qui unit entre eux les savants de tout âge et de tout pays, par l'ascendant qu'exerce leur opinion sur celle des autres hommes, qui écoutent docilement la parole des savants sans avoir l'idée de les récuser, par l'enchaînement régulier et continu des maîtres et des disciples, par ce fait que tout maître croit fermement que ses disciples le dépasseront un jour, sinon par la force inventive de l'esprit, du moins par le savoir; elle est constituée par des méthodes que tous acceptent en même temps que quelques-uns cherchent à les perfectionner; elle est constituée surtout par les livres imprimés, mémoires, monographies, œuvres complètes, recueils périodiques, où sous diverses formes la science est inscrite et déposée à mesure qu'elle se fait: la bibliographie est devenue l'art de constater l'état et les progrès de la science et le bibliothécaire est désormais l'auxiliaire indispensable du savant. Les sciences et les méthodes sont diverses, mais la science est une; des institutions telles que les Universités, le Collège de France, l'Institut, marquent dans l'organisation sociale l'unité de la science. Les langues parlées et écrites par les savants sont multiples; mais ils se connaissent, ils communiquent entre eux par divers moyens, et ils rivalisent d'une émulation presque toujours pacifique.

Telle est la science moderne, et la science ainsi entendue, ainsi organisée, les anciens ne l'ont pas connue. Ils ont fait pourtant, l'histoire le prouve, plusieurs tentatives pour la constituer; mais toutes ces tentatives ont échoué. Quelle cause peut-on attribuer à cet avortement de leurs efforts? Le problème vaut la peine d'être examiné (1).

Pour l'éclairer, pour en préciser les termes, il faut remarquer tout d'abord que l'unité de la science moderne est due à la méthode expérimentale. Dans un corps savant, Collège de France ou Institut, ce sont les physiciens et les naturalistes qui servent de trait d'union entre les géomètres et les historiens. Les anciens ont fondé les sciences mathématiques sur des bases inébranlables; l'histoire leur doit non seulement des chefs-d'œuvre, mais des modèles de rigueur et de sûre méthode; il suffit de nommer Thucydide et Polybe; dans le domaine de la pure observation, ils ont posé les fondements de l'astronomie, ceux de la médecine avec Hippocrate, ceux de l'histoire naturelle avec Aristote et Théophraste; des trois méthodes sur l'emploi desquelles repose la science moderne, la méthode mathématique, la méthode expérimentale et la méthode historique, la seconde seule, celle il est vrai dont le domaine est aujourd'hui le plus vaste et le plus ardemment exploré, leur est restée à peu près inconnue. A défaut de l'expérimentation, ils ont pratiqué l'observation; mais la méthode expérimentale, si on la comprend bien, n'est qu'un perfectionnement de la méthode d'observation inspiré par le sentiment des défauts de la simple observation, et s'en tenir à celle-ci, c'était ne pas comprendre les vraies conditions de l'observation scientifique; le perfectionnement des procédés de l'observation proprement dite, dans les régions de la nature où l'expérimentation est impossible, a suivi la naissance et les progrès de la méthode expérimentale; l'observation savante et rigoureuse des modernes, l'observation préparée par des hypothèses et assurée par des instruments, ne diffère pas sensiblement de l'expérimentation, et leur limite est devenue aujourd'hui impossible à fixer; on l'a bien vu quand, il y a quelques années, M. de Lacaze-Duthiers revendiquait devant l'Académie des sciences le titre d'expérimentateur que certains de ses confrères lui contes-

(1) Dans un court mais profond article de la *Critique philosophique* (18 mars 1875), intitulé : *le Progrès dans les sciences*, M. Renouvier a raconté comment la science fut créée par les Grecs et comment ce mouvement si bien « lancé », à Alexandrie surtout, s'arrêta court, remplacé par l'invasion des superstitions orientales. Mais il s'est refusé à chercher les causes de ce phénomène, se contentant d'établir par cet exemple le peu de fondement de la croyance trop répandue à un progrès nécessaire des sciences et de la civilisation.

taient (1); la difficulté serait tranchée par une définition limitative de l'expérimentation; mais celle-ci serait arbitraire et, par suite, sans valeur; le problème se trouve donc insoluble. D'autre part, même dans le domaine des méthodes mathématiques et historiques, la confiance et l'ardeur du savant, le développement de son esprit critique, ne doivent-ils pas beaucoup, de notre temps, à l'exemple des expérimentateurs et à l'émulation qu'ont inspirée leurs succès toujours croissants? Les développements des mathématiques appliquées, de l'astronomie et de la physique mathématiques, dont les données premières sont empiriques ou expérimentales, n'ont-ils pas ouvert des voies nouvelles aux mathématiques pures, ou tout au moins encouragé celles-ci à de nouveaux efforts, et, quant à l'histoire, serait-il paradoxal à l'excès de soutenir que l'œuvre scientifique de Lavoisier a préparé celle de Mignet? Si l'on compare les savants à une armée, on peut dire que les expérimentateurs en forment le centre, et que la valeur des ailes — mathématiciens et historiens — est assurée par la solidité de ce centre toujours invaincu et toujours victorieux depuis trois siècles.

Pour constituer la science au sens moderne du mot, il fallait donc, ou trouver, pour les besoins d'une science particulière, la méthode expérimentale et la justifier aussitôt par d'importantes découvertes, ou concevoir l'ensemble des sciences comme une unité harmonique, et, appliquant à chaque objet sa méthode propre, arriver par des tâtonnements successifs à perfectionner la méthode d'observation, ce qui eût certainement conduit à découvrir la méthode expérimentale, puisque celle-ci n'est qu'une suite et un perfectionnement de la méthode d'observation. En d'autres termes, la science ne pouvait être fondée que philosophiquement ou méthodiquement, philosophiquement par une vue d'ensemble, par le tracé et l'ébauche de l'édifice entier, — c'est ce que firent au XVIIe siècle Descartes et Leibniz; — méthodiquement par la construction de la pièce principale et centrale de l'édifice, — ce qui fut l'œuvre de Galilée et de Bacon. Ce que les grands hommes du XVIIe siècle ont réussi, les anciens l'ont tenté à plusieurs reprises, mais ils l'ont tenté sans succès, puisque aucune tradition n'a pu s'établir à la suite et en conséquence de leurs tentatives.

Exposons brièvement l'histoire de ces tentatives et de leurs avortements successifs.

(1) Séance du 19 novembre 1883.

II

Le premier qui parmi les Grecs semble avoir eu l'idée de la science est Démocrite. Avant lui, il n'existait que des membres épars de la science; ici des monographies médicales, mathématiques, physiologiques, historiques ou autres, dues à des savants spéciaux ; là des systèmes du monde, matérialistes ou idéalistes, en prose ou en vers, dus à des philosophes. Démocrite divisa la science et voulut en traiter chaque partie dans un livre spécial; mais il voulut aussi qu'une même conception générale des choses et des idées reliât ces différentes monographies; sa philosophie était à la fois l'objet particulier de certains de ses livres et l'inspiration des autres; ainsi son œuvre, composée de soixante ouvrages, présentait la science à la fois dans sa diversité et dans son unité; c'était une encyclopédie (1), le chef-d'œuvre de l'esprit grec avant Aristote.

Démocrite ne fit pas école ; ceux qu'on a nommés ses disciples (2), esprits médiocres ou légers, suffisent à peine à expliquer comment l'atomisme du maître put être transmis à Épicure et son demi-scepticisme à Pyrrhon. Nulle trace chez eux de ce large esprit scientifique que Démocrite paraît avoir possédé (3).

Pourquoi nous étonner? Démocrite, après avoir voyagé en Orient et en Égypte, se fixa dans sa ville natale, et c'est à Abdère

(1) Le grammairien Thrasyle, qui s'était occupé de lui en bibliographe, le comparait à l'Athlète vainqueur au pentathle. Thrasyle avait écrit une *Préparation à la lecture des ouvrages de Démocrite*, où il énumérait et classait ces ouvrages, discutant à l'occasion les questions d'authenticité (DIOGÈNE LAERCE, l. IX, ch. 7).

(2) Bion d'Abdère, totalement inconnu d'ailleurs ; Nessas de Chio, également inconnu ; Métrodore de Chio, le seul qui ait eu quelque valeur comme physicien et philosophe; Diogène de Smyrne, inconnu; Anaxarque d'Abdère, moraliste singulier, l'un des maitres de Pyrrhon ; Nausiphane, maître d'Épicure, sur lequel nous reviendrons plus loin; Naucyde ou Nausycide, peut-être lui aussi maître d'Épicure.

(3) Plus tard, quand commença à se constituer la doctrine alchimique, elle prétendit se *rattacher au grand nom de Démocrite; il y eut une littérature* démocritaine apocryphe (sur laquelle nous aurons occasion de revenir, § V), fabriquée vraisemblablement dans les environs de l'ère chrétienne en Égypte; mais c'est en vain qu'on essaierait de rattacher le pseudo-Démocrite au vrai Démocrite; les ouvrages reconnus authentiques par Thrasyle étaient, leurs titres le montrent, purement théoriques et ne paraissent avoir contenu aucune allusion aux expérimentations industrielles que les Égyptiens pratiquaient déjà sans doute au temps où Démocrite voyagea chez eux ; Démocrite ne fut pas expérimentateur, et les nouveaux démocritains ignoraient le véritable Démocrite; ce qui suffit à l'établir, c'est que les premiers alchimistes, bien qu'ayant une théorie de la matière première, ne parlent pas des atomes. Voir BERTHELOT, *les Origines*

qu'il fit toute son œuvre; selon les uns, il ne vint jamais à Athènes; selon d'autres, il y vint une fois, mais incognito; « il ne s'y fit pas connaître » ; il entendit Socrate, mais sans chercher à se faire remarquer dans sa société et à discuter avec lui (1). Abdère était alors, paraît-il, une ville riche et civilisée; il le fallait bien pour qu'un de ses citoyens eût la fortune nécessaire à une vie de voyages et d'études; mais Abdère n'était pas un centre intellectuel et artistique; Abdère n'était, en somme, dans le monde hellénique, qu'une sous-préfecture. De nos jours, un Borghesi peut passer sa vie et faire tranquillement son œuvre à Saint-Marin, un Darwin à Down, un Hirn au Logelbach, un Renouvier à La Verdette; la poste leur apporte dans leur studieuse solitude et les journaux scientifiques, et les revues, et les livres nouveaux, et les correspondances de leurs émules; la science des autres vient à eux, et ils communiquent librement avec le monde savant à l'abri des intrigues académiques ou autres et des pertes de temps de tous genres qui nuisent tant au savant dans les grandes villes. Mais à l'époque de Démocrite il n'en était pas ainsi; pour participer au mouvement des esprits et y jouer son rôle, il fallait voyager partout dans le monde grec, comme les sophistes, ou se fixer à Athènes, comme Anaxagore et Diogène d'Apollonie. Démocrite ne fut pas entouré, comme Socrate à Athènes, d'une foule brillante et toujours renouvelée d'admirateurs, de disciples et d'adversaires, les uns indigènes, les autres venus là soit pour leurs affaires, soit pour admirer les merveilles de l'Acropole, qui tous emportaient de son commerce une impulsion intellectuelle féconde. Son compatriote et devancier Protagoras, esprit brillant s'il en fut, voyageait toujours et ne pouvait être ni son rival (2) ni son collaborateur. Ses livres, Platon lui-même

de l'alchimie, 1885, pp. 145 et suiv., 263, etc. — Tout au plus empruntèrent-ils à Démocrite la maxime : ἐν βυθῷ ἡ ἀλήθεια; car *le puits de Démocrite* paraît avoir été une des locutions consacrées de l'alchimie du moyen âge; mais M. Berthelot ne la mentionne pas; il ne l'a donc pas rencontrée chez les alchimistes grecs.

(1) Diogène Laerce, IX, 7.

(2) Démocrite écrivit contre Protagoras sur le problème de la connaissance; la divergence de leurs doctrines à ce sujet a été élucidée par M. Brochard dans un article récent de l'*Archiv für Geschichte der Philosophie*, 1889; il ne résulte d'ailleurs pas des textes que Démocrite ait consacré à cette polémique un ouvrage spécial; le titre *Contre Protagoras* ne figure pas dans le catalogue de Thrasyle. Rien ne prouve non plus que Démocrite et Protagoras aient eu l'occasion de discuter ensemble à Abdère. Démocrite avait environ 10 ans quand Protagoras, âgé d'environ 30 ans, quitta son pays et commença à parcourir les cités grecques; il mourut en voyage, et aucun témoignage ne le présente fixé à Abdère à un moment quelconque de sa carrière.

ne les connut pas, et c'est merveille que quelques exemplaires en soient sortis d'Abdère pour venir aux mains d'Aristote et des philosophes ou érudits postérieurs. Ah! si Périclès avait appelé Démocrite à Athènes, dans la capitale intellectuelle de l'hellénisme! Mais Périclès eut d'autres soucis; il organisa la construction et la décoration du Parthénon; il ne songea pas à créer à Athènes une Université où Socrate aurait occupé la chaire de morale, et Démocrite, après Anaxagore, celle de physique. La postérité peut lui être sévère à cet égard; une pareille idée eût mieux valu pour la gloire et pour la prospérité d'Athènes que la guerre du Péloponèse.

N'oublions pas en effet, que, contrairement à un préjugé répandu, Démocrite n'est pas antérieur aux sophistes et à Socrate, mais rigoureusement leur contemporain. Ce synchronisme est important si l'on veut bien comprendre les révolutions de la pensée grecque. Entre les années 450 et 400 apparaissent presque simultanément les sophistes, Socrate et Démocrite. Démocrite, le dernier et le plus grand des physiciens purs, le continuateur et l'héritier de la tradition qui va de Thalès à Héraclite et à Anaxagore, rassemble les fragments épars de la science hellène, introduit un grain de scepticisme, c'est-à-dire d'esprit critique, dans le dogmatisme brutal de ses prédécesseurs, profite de leurs efforts et de leurs erreurs pour construire un système du monde plus satisfaisant que les systèmes antérieurs, agrandit le champ de leurs recherches, fait prévoir Aristote et semble à bien des égards son maître, à tel point qu'on peut regretter qu'Aristote, né comme lui dans une ville grecque de la Thrace, mais près d'un siècle plus tard, n'ait pas été son disciple direct. Mais, en même temps, ses contemporains plus âgés, Gorgias et Protagoras, tiraient en se jouant de quelques principes des premiers physiciens des maximes subversives de toute spéculation; ils ruinaient la science à peine ébauchée, et, voyageurs infatigables, ils portaient joyeusement la mauvaise nouvelle dans toutes les villes du monde grec. A Athènes, Socrate les entend, les écoute, les imite, leur répond, leur rend subtilité pour subtilité, négation pour négation, les réfute avec leur propre méthode, et, profondément soucieux des choses de l'âme et de l'esprit, il leur livre la science physique, c'est-à-dire la science, il les aide à la détruire; mais, sur les ruines de la science, il fonde la morale. Voilà pour lui la science nouvelle, la vraie science, et, sur les fondements qu'il a posés, Platon dressera ensuite sa métaphysique idéaliste, qui rend la physique inutile en reléguant son objet parmi les ombres, puisque le monde sensible, dans cette doctrine, est un non-être (1).

Ainsi, à la même époque, 450-400, Démocrite fonde la science à Abdère, les sophistes détruisent l'idée de la science un peu partout, et Socrate, à Athènes, acceptant comme démontré le néant de la science spéculative, fonde la morale sur les ruines de la physique. La lutte était inégale. Abdère ne pouvait triompher contre toute la Grèce et contre Athènes.

Environ un siècle plus tard, après la mort de Platon, Aristote reprit la tentative de Démocrite. A bien des égards, nous l'avons dit, celui-ci semble son précurseur ou son maître, et l'on peut regretter que les hasards de l'histoire n'aient pas fait naître Aristote un demi-siècle plus tôt et ne l'aient pas amené à recueillir directement l'héritage du grand Abdéritain. Car l'influence de Platon retarda l'éclosion du génie propre d'Aristote, le détourna longtemps des recherches vraiment scientifiques et lui imposa jusqu'à la fin des habitudes intellectuelles qui ont trop souvent dévié du côté des chimères métaphysiques et des abstractions creuses l'esprit naturellement positif de l'auteur de l'*Histoire des animaux*. C'est ainsi qu'Aristote méconnut la haute valeur de la conception mécaniste de l'univers, qui était celle de Démocrite. Si tout se ramène au nombre, à la forme, au poids des atomes, à leur position et à leur mouvement dans le vide, tout est quantité, tout peut être compté et mesuré, tout est accessible à la science exacte par excellence, à la science mathématique; ainsi pensait Démocrite, ouvrant une voie féconde où personne dans l'antiquité, personne avant Galilée et Descartes ne le suivit. Mais Aristote n'osa pas admettre avec Démocrite que tout ce qui pour nos sens est qualité se ramène pour la raison, qui découvre le réel sous l'apparence, aux divers modes de la quantité; les qualités, pour Platon, constituent les idées, qui sont le réel; pour Aristote, qui corrige Platon, mais lui reste encore trop fidèle, le réel, c'est l'individu, et l'individu est un faisceau de qualités; le réel est essentiellement qualitatif et la qualité est irréductible à la quantité. Aristote se trouve ainsi l'adversaire de Démocrite quant à la doctrine, tout en étant son successeur dans la conception générale de la science, ce qui établit entre leurs deux tentatives une fâcheuse discontinuité.

(1) Deux sciences, les mathématiques et l'astronomie, doivent beaucoup à Platon et à son école; mais Platon avait des raisons spéciales à sa doctrine pour s'y intéresser à l'exclusion des autres.

III

Les historiens de la philosophie racontent la vie d'Aristote avec une sérénité trompeuse; il me semble qu'on y peut voir un drame, et un drame presque tragique. Elle se partage en trois périodes bien distinctes; pendant la première et la troisième il vit à Athènes; pendant la seconde, il mène une vie errante, hôte d'Hermias, précepteur d'Alexandre, etc.; c'est là sa période de transition pendant laquelle il se prépare et se renouvelle; car son génie s'est éveillé tard, comme celui de Kant.

Tout jeune, ayant à peine 18 ans, il était venu à Athènes; il y resta vingt ans (de 367 à 347), disciple convaincu de Platon, écrivant à son exemple des dialogues d'un style élégant et soigné, racontant comme lui les merveilles du monde des idées, le néant du monde sensible; pendant de longues années, la pensée d'Aristote s'imprégna ainsi de platonisme; elle se moula sur la pensée du maître; elle se disciplina à son école, et il devint incapable de voir les choses autrement qu'à travers le système platonicien.

Tel était Aristote, à l'âge de 38 ans, quand Platon mourut. Il quitte alors Athènes, il voyage; il séjourne deux ans à Atarne, dans la demeure d'un ami riche et puissant, Hermias, puis à Mitylène, enfin en Macédoine, surtout à Pella, à la cour de Philippe, où il fait l'éducation d'Alexandre. S'il nous avait laissé sa biographie, nous y lirions sans doute qu'il employa les années de sa maturité (de 38 à 50 ans, 347-334) « à voyager, à voir des cours et des armées, à fréquenter des gens de diverses humeurs et conditions, à recueillir diverses expériences, à s'éprouver lui-même dans les rencontres que la fortune lui proposait, et partout à faire telle réflexion sur les choses qui se présentaient qu'il en pût tirer quelque profit »; bref, qu'il étudiait « le grand livre du monde ».

Mais il l'étudiait sans dessein préconçu; car, à la différence de Descartes, il était croyant et non sceptique au sortir de l'école; les doutes lui sont venus au cours de cette existence nouvelle et comme une conséquence de la nouvelle direction donnée à son activité; dans ses divers séjours et dans ses déplacements, Aristote a observé les choses de la nature et les événements sociaux; il s'est pris d'une immense curiosité, d'un intérêt passionné pour les faits, pour les phénomènes, pour ce qui passe, pour ce qui, selon Platon, n'est pas et ne mérite pas de retenir l'esprit du philosophe; dès lors il y a deux hommes en lui, qu'il s'efforce en vain de mettre d'accord; un doute lui est venu, doute cruel et déchirant : peut-être Platon s'est-il trompé! peut-être l'individuel, le sensible, a-t-il une réalité! Comme la plupart des grands penseurs modernes, Aristote a eu sa crise morale, et sans doute elle a duré longtemps. Enfin la lumière s'est *faite dans son esprit*; il a eu *quelque part*, — on ne sait où, — sa méditation dans un poêle, et il a trouvé la solution du problème : l'idée générale existe, mais non pas séparée, à part du monde sensible, comme le pensait Platon; elle existe seulement dans l'individu, c'est-à-dire dans l'observable, dans le sensible; elle fait la réalité de l'individu et elle a sa réalité en lui. La pensée d'Aristote est désormais émancipée; il a pris conscience de son originalité, et, grâce à cette conception nouvelle des rapports du général et de l'individuel, de l'idée et du fait, l'observateur qui venait de se révéler à lui-même se trouve réconcilié avec le métaphysicien des premières années; Platon ainsi corrigé, c'est Aristote, et Aristote ainsi formulé, c'est l'accord désormais possible entre la science des physiciens, de Démocrite surtout, et l'idéalisme moral de Socrate et de Platon. Aristote tient la vérité; il a dans ses mains la clef de la science universelle, et bientôt il conçoit un grand dessein : il veut enseigner lui-même la vérité, et faire rayonner la lumière sur toutes les branches possibles du savoir; son enseignement portera sur les sciences physiques, sur l'histoire, entendue au sens le plus large, sur la morale et la politique, sur la métaphysique enfin, couronnement de l'œuvre qu'il entreprend. Pendant que son élève va, les armes à la main, conquérir l'Asie à l'hellénisme et fonder un nouvel empire, il veut, lui, conquérir pacifiquement la vérité totale et fonder la science universelle. Pour cette œuvre héroïque ira-t-il se recueillir à Stagire, enfouir sa grande entreprise dans une bourgade? Non; ce serait recommencer l'erreur funeste de Démocrite. C'est à Athènes, au centre intellectuel de la Grèce, c'est dans la capitale même qu'il va organiser son école.

Il y revient donc, après douze ans d'absence; il s'y établit en 334, l'année même où Alexandre entreprend son expédition en Asie. Là, pendant onze ou douze ans (334-323), il se livre à un labeur gigantesque; il enseigne, il forme des disciples, il écrit des traités sur toutes les matières, il réunit des collections de faits sociaux ou littéraires (1) et des collections d'histoire naturelle, il exerce ses élèves à utiliser ces différents matériaux; il pose avec eux les bases de toutes les sciences, depuis la méta-

(1) La date des compilations de ce genre qui sont attribuées à Aristote (Constitutions, Didascalies, anciennes Rhétoriques, Problèmes) est difficile à

physique jusqu'à la botanique et à l'histoire littéraire. Les résultats acquis devaient être formulés non pas dans des dialogues à l'allure ondoyante et libre, images de la discussion dialectique qui précède et prépare les conclusions, mais dans des traités d'une composition serrée, didactique et démonstrative, d'un style sévère et nu, sans vains ornements, purement adéquat aux choses. Un ensemble de monographies reliées entre elles par une conception générale des choses et de l'esprit, telle est la forme définitive que doit prendre la science une fois faite; c'est ainsi que déjà Démocrite l'avait conçue (1); mais l'horizon embrassé par le regard investigateur d'Aristote est plus étendu; il comprend tous les faits humains et sociaux, et dans la nature physique il n'est rien qu'il ne contienne; car la nouvelle métaphysique invite à étendre indéfiniment les recherches et à les abaisser jusqu'aux êtres les plus infimes, jusqu'aux détails les plus minutieux : puisque l'individu sensible retient l'être dans les mailles du réseau de qualités dont il est fait, l'observateur étudie le réel mieux que le géomètre et le dialecticien; tout renferme de l'être, et décrire, c'est raconter les variétés de l'être; ainsi, aucun objet de science, si petit qu'il soit, n'est, pour le philosophe, indigne d'intérêt.

La tâche qu'Aristote accomplit pendant ce court espace de douze années au plus est prodigieuse; car nous n'avons plus les écrits des deux premières périodes de sa vie, nous n'avons même pas tous ceux de la troisième, et ce que nous appelons aujourd'hui ses œuvres, ce sont seulement les ouvrages les plus importants de cette dernière période. Tous d'ailleurs sont des ébauches plus ou moins avancées; aucun n'a été publié par lui; aucun n'était prêt pour la postérité. Aristote se disait sans doute comme André Chénier :

Rien n'est fait aujourd'hui, tout sera fait demain;

fixer; on peut croire pourtant que plusieurs appartiennent à la seconde ou même à la première période de sa vie, et qu'il ne fit, pendant la troisième, que les compléter et les utiliser.

(1) On a dit que les écrits que nous possédons d'Aristote étaient non des ouvrages destinés à être publiés, mais des ὑπομνήματα relatifs à son enseignement, rédigés soit avant, soit après ses leçons, pour les préparer ou pour en conserver le souvenir (Ravaisson, *la Métaphysique d'Aristote*, t. I, pp. 232-235; Ch. Thurot, *Études sur Aristote*, pp. 147-150). Tous les grands professeurs de notre temps procèdent ainsi; mais les notes de leurs cours sont en même temps les premières rédactions des ouvrages qu'ils ont en projet. Comment croire qu'Aristote aurait réservé à ses seuls auditeurs et successeurs la connaissance de ses doctrines et n'aurait pas eu le dessein de terminer et de publier ce qu'il avait ébauché à l'occasion de ses cours? Il se serait créé de propos délibéré une infériorité à l'égard de Platon, de Démocrite, de tous ceux qu'il avait l'ambition de dépasser.

il comptait sur l'avenir; il croyait que les dieux lui permettraient d'achever son œuvre. Mais les dieux semblent avoir été jaloux d'Aristote, et Némésis le frappa parce qu'il avait voulu élever la science des hommes au niveau de celle de Jupiter.

Némésis eut pour instruments dans sa vengeance Alexandre et les patriotes athéniens. L'intempérant guerrier qu'Aristote avait élevé mourut sottement par sa faute au milieu de ses conquêtes inachevées. La nouvelle en parvint à Athènes où veillait toujours, vaincu mais non résigné, le patriotisme étroit et fanatique dont Démosthène avait été l'orateur; à la voix d'Hypéride et de Démosthène, Athènes et d'autres villes prirent les armes au nom de la liberté contre la suprématie macédonienne. Athènes avait alors dans ses murs quelque chose de plus précieux que la liberté entendue au vieux sens; elle avait le grand Aristote qui poursuivait pacifiquement son œuvre héroïque, Aristote qui venait d'écrire la *Politique*, et qui était la réconciliation vivante de l'esprit athénien et de l'esprit macédonien; Aristote qui avait conseillé à Alexandre de gouverner les Grecs non en esclaves, comme les barbares, mais en confédérés (1), et qui, sans doute, ambassadeur des patriotes auprès d'Antipater, son ami personnel (2), eût obtenu pour la glorieuse cité, peut-être même pour les cités alliées d'Athènes, toutes les libertés, tous les privilèges compatibles avec l'unité hellénique. Mais personne, en ce moment de fièvre, ne songea à Aristote et à la science. Bien au contraire, le Stagirite, respecté ou toléré depuis onze ans, devint suspect parce qu'il était Macédonien; on porta contre lui une accusation quelconque; il se sentit menacé; il prit peur; il confia son école, ses manuscrits, ses collections, ses disciples, au meilleur d'entre eux, à Théophraste, et il se sauva, sans bagages, à Chalcis d'Eubée.

Le coup avait été rude; Aristote avait 61 ans; épuisé sans doute par l'excès du travail, frappé au cœur dans ses amitiés, dans ses espérances, dans ses ambitions de savant, dans ses projets de large patriotisme hellénique, il languit une année et il mourut. Nous avons son testament : il y règle en sage ses affaires privées; il n'y fait aucune allusion au Lycée, à sa bibliothèque, à ses collections (3); tout cela avait été confié à Théophraste au

(1) PLUTARQUE, *De Alexandri seu virtute seu fortuna*, I. 6.

(2) Dans son testament, Aristote le désigne comme son exécuteur testamentaire.

(3) Cette omission a été fort commentée; on y a vu l'indice d'une lacune dans le texte du testament, ou un argument contre son authenticité; on a pensé que Théophraste put recevoir la bibliothèque d'Aristote après la mort de Nicomaque, fils d'Aristote. L'explication que je donne me semble beaucoup plus

départ d'Athènes, pour qu'il continuât l'œuvre interrompue. Aristote avait-il cru léguer ce redoutable héritage à un successeur digne de lui, et mourut-il confiant dans l'avenir? On peut en douter. S'il eut le loisir, à son lit de mort, de réfléchir sur sa destinée, ses dernières pensées durent être pleines d'amertume; il pouvait se dire en effet : « J'ai entrepris quelque chose de grand, et j'ai été vaincu; j'ai commencé trop tard; j'ai travaillé trop vite; j'ai tout ébauché; je n'ai pu rien terminer; je meurs trop tôt, et mes plus fidèles disciples comprennent mal ce que j'ai voulu faire. Quel homme après moi ramassera le flambeau qui tombe de mes mains? »

Ce glorieux flambeau fut ramassé par deux adversaires d'Aristote, Galilée et Descartes, dix-neuf siècles après sa mort. Avant eux, Aristote régnait sur les esprits, incontesté, mais incompris.

IV

Profond connaisseur des hommes, Aristote devait savoir entre quelles mains débiles il avait laissé son école. Théophraste était un très aimable homme, élève modèle et charmant professeur, érudit sans morgue, moraliste ingénieux, botaniste sans rival. Il travailla comme son maître, du moins il s'y efforça; mais il ne travailla pas selon son esprit. La première tâche de Théophraste aurait dû être de dresser l'inventaire des ouvrages laissés par Aristote, de les classer, d'écrire l'histoire de leur composition, d'en établir soigneusement le texte, enfin d'en faire une édition modèle; il eût ainsi rendu à l'avance impossibles et les attributions mensongères, et les interpolations, et toutes les autres tares dont la critique moderne s'efforce aujourd'hui de purifier la collection aristotélique, et un pareil travail aurait servi de base solide à l'édifice futur de la science péripatéticienne. Nombre d'écrits de l'antiquité furent ainsi pieusement publiés après la mort de leurs auteurs : avant l'époque de Théophraste, la *Guerre du Péloponèse* de Thucydide, les *Lois* de Platon; plus tard, les *Philippiques* de Cicéron, l'*Énéide*, la *Pharsale* (1). Aristote lui-même avait donné

naturelle. Les testaments de Théophraste, de Straton, de Lycon, d'Épicure, conservés comme celui d'Aristote dans Diogène Laërce, contiennent des dispositions explicites relatives à la propriété ou à l'usufruit de l'école, de ses dépendances, des instruments de travail qu'elle contenait, et parfois la désignation d'un nouveau σχολάρχης; mais le cas n'est pas le même : Théophraste, Straton, Lycon, Épicure moururent en fonctions, à Athènes; Aristote mourut en retraite forcée, en exil.

(1) Si nous ne citons pas ici le poème de Lucrèce, c'est que l'édition pos-

l'exemple à ses disciples en faisant, pendant son séjour en Macédoine, sa célèbre édition des poèmes d'Homère. Mais Théophraste n'y songea pas; il laissa les manuscrits d'Aristote dans leur désordre; il en fit d'autres analogues, souvent sans nécessité, qui augmentèrent la collection, et qu'au siècle de Cicéron on ne savait comment distinguer (1).

Un autre disciple direct d'Aristote, Eudème, semble avoir été un esprit plus vigoureux et plus personnel que Théophraste; savant en mathématiques et en astronomie (il avait écrit l'histoire de ces sciences), profond physicien, confident préféré d'Aristote pour un examen préalable ou une revision de sa *Métaphysique* (2), connu dans l'antiquité comme s'étant assimilé mieux qu'aucun autre la pure doctrine du maître (3), capable pourtant d'une certaine originalité, comme on le voit par son *Éthique*, qu'un heureux accident nous a conservée dans la collection aristotélique, il nous semble de loin qu'il eût été plus capable que Théophraste de continuer l'œuvre d'Aristote. Selon une tradition, Aristote hésita entre eux deux; mais on ne nous dit pas clairement quels furent les motifs de son choix (4); peut-être Eudème, médiocre parleur et plus propre aux travaux de cabinet, n'avait-il pas les qualités personnelles nécessaires à un σχολάρχης, à un directeur d'études; peut-être n'était-il pas fixé à Athènes et vivait-il de préférence à Rhodes, sa ville natale (5); nous devons croire qu'Aristote eut de bonnes raisons pour lui préférer Théophraste; mais nous voudrions qu'il en ait eu de meilleures encore et d'excellentes.

Aristote n'a pas eu le premier l'idée d'une tradition philosophique et scientifique; il avait été précédé en cela par les pythagoriciens et par Platon. Mais le premier il a voulu que cette tradition servît à étendre dans tous les sens la science universelle; le premier il a eu l'idée d'un centre intellectuel permanent, d'un laboratoire d'études dirigé par un chef autorisé, qui fût mieux qu'une école où l'on formât des esprits, qui fût un atelier de

thume en a été faite avec une regrettable incurie et une très médiocre intelligence des intentions de l'auteur.

(1) Voy. Diels, *Doxographi græci*, Introduction, pp. 103, 216, notes.

(2) Selon une obscure tradition, sur laquelle voy. Ravaisson, *la Métaphysique d'Aristote*, t. I, pp. 33-36.

(3) Textes de Simplicius.

(4) Aulu-Gelle, XIII, 5 : Eudème y est dit *firmus et jucundus*, Théophraste *jucundior*.

(5) Certains témoignages nous montrent Aristote et Théophraste écrivant à Eudème (Ravaisson, pp. 16 et 33), ce qui semble indiquer qu'il n'habitait pas Athènes.

recherches et de découvertes occupé à conserver la science acquise et à construire l'édifice des sciences nouvelles. La médiocrité de ses successeurs a donc été pour la science antique un désastre irréparable. Après Théophraste, la décadence s'accentua; le Lycée, selon le mot souvent répété de Cicéron, dégénéra (1); il fut décidément inférieur à la mission qu'Aristote lui avait léguée. Théophraste ne valait pas Aristote; Straton ne valut pas Théophraste, et Lycon ne valut pas Straton; à chaque génération quelque chose se perdait de l'esprit du fondateur; on se reprenait à philosopher et à disserter selon la routine des anciennes écoles; on ne faisait pas de la science au vrai sens, au sens moderne du mot. L'œuvre principale de Straton consiste à refaire, en l'altérant, la physique du maître, et si, autour de lui, autour de ses successeurs, des péripatéticiens de second ordre font preuve de polymathie (2), ils le font sans coordonner leurs efforts, sans esprit critique, sans méthode sévère, en rhéteurs, en sophistes, en un mot sans esprit scientifique; si l'école péripatéticienne demeure ouverte à toutes les curiosités, si elle se distingue des écoles rivales par sa libéralité d'esprit et la variété de ses spéculations, si elle est encore « un atelier de tous les arts » (3), c'est un atelier sans direction, où chaque ouvrier travaille à sa fantaisie et disserte à l'aventure sur ses sujets de prédilection; le Lycée est une société savante, ce n'est pas un Institut. L'édition critique des œuvres d'Aristote que Théophraste avait négligé de faire, aucun de ses successeurs ne l'entreprit; peu à peu on en vint au Lycée même à ne plus étudier ni les textes du maître ni ceux de Théophraste; d'où cette tradition absurde, transmise par Strabon, suivant laquelle, après la mort de Théophraste, ils seraient restés enfouis dans une cave. Mais, comme dit fort bien M. Ravaisson, « loin que la dégénération du Lycée s'explique par la perte des livres d'Aristote et de Théophraste, c'est plutôt, au contraire, la dégénération de l'école qui explique l'oubli où on laissa tomber les ouvrages des maîtres (4). »

On doit considérer l'école d'Alexandrie, fondée par Démétrius de Phalère, disciple de Théophraste, comme une succursale ou une colonie du Lycée, et, à certains égards, l'esprit scientifique d'Aristote semble y avoir été conservé plus fidèlement qu'au

(1) *De finibus*, V, 5.
(2) Ravaisson, *la Métaphysique d'Aristote*, t. II, p. 62-63.
(3) Cicéron, *De finibus*, V, 3 : *omnium artium officina*.
(4) *La Métaphysique d'Aristote*, t. II, p. 52. Cf. Thurot, *Études sur Aristote*, p. 274-276.

Lycée même. La Bibliothèque et le Musée sont le premier essai d'une organisation matérielle et sociale de la science analogue à celle que les modernes ont réalisée, le premier exemple d'une association régulière de savants adonnés d'ailleurs à des études spéciales. Ptolémée Soter avait sans doute connu Aristote en Macédoine; il aimait la société de ses disciples; il avait confié à Straton l'éducation de son fils Philadelphe; tout porte à croire que cette création commencée par lui et terminée par Ptolémée Philadelphe réalisait un des projets ou un des vœux d'Aristote (1). L'héritage du Stagirite fut donc divisé, comme celui d'Alexandre. Mais, tandis qu'à Athènes la physique restait la science principale et centrale, autour de laquelle gravitaient différentes sciences et arts sociaux, comme la politique et la rhétorique, les péripatéticiens d'Alexandrie furent surtout des érudits, des critiques, des biographes, des collectionneurs et des éditeurs de livres. Malheureusement, à Alexandrie plus encore qu'à Athènes, aucun grand souffle n'inspira les successeurs d'Aristote; ils furent mesquins et ils furent médiocres; leur œuvre fut un labeur de fourmis myopes et maladroites; les plus grands, comme Aristarque et Didyme, n'eurent que du bon sens. La partie de la science à laquelle ils s'attachèrent, la science des livres et des textes, l'histoire littéraire, ce que nous appelons aujourd'hui la philologie, ne fut pas vraiment organisée par eux; ils n'en fixèrent pas la méthode, et, par une conséquence naturelle, ils n'ont créé aucune tradition solide et durable; la suite l'a prouvé; car on sait en quel pitoyable état, sauf de rares exceptions, nous sont parvenus les textes anciens; on sait aussi l'insuffisance et le peu de valeur des renseignements que nous ont transmis les Grecs sur leur histoire littéraire. Ajoutons que, par une étrange et coupable ingratitude, ils négligèrent, comme les péripatéticiens du Lycée, les œuvres d'Aristote; aucun travail de critique ou même de bibliographie ne fut consacré au maître par les Alexandrins. Le premier qui se dévoua à cette tâche fut Andronicus de Rhodes, le onzième successeur d'Aristote à la tête du Lycée, vers les années 70-50 avant l'ère chrétienne; assurément il fit de son mieux; mais il était trop tard : la tradition de bien des faits s'était perdue; les interpolations, les attributions inexactes, les fautes de copistes avaient pu, pendant deux siècles et demi, s'accumuler sans contrôle.

Quant aux savants proprement dits, mathématiciens purs, physiciens, astronomes, géographes, anatomistes, etc., qui appar-

(1) Cf. Ravaisson, *la Métaphysique d'Aristote*, t. I, pp. 13-14.

tiennent ou se rattachent au Musée d'Alexandrie; quant à ceux qui, comme Euclide, Archimède, Ératosthène, Hipparque, posèrent les premières assises de nos sciences exactes, séparés par la mer du centre des spéculations philosophiques, ils ne rattachèrent leurs découvertes à aucune théorie générale, et leurs procédés ne servirent pas à éclairer les logiques des philosophes; les philosophies athéniennes ne profitèrent pas de leurs travaux et ne servirent ni à leur poser des problèmes ni à trouver le lien de leurs découvertes. Le savoir humain, partagé entre Athènes et Alexandrie, n'eut jamais l'unité féconde rêvée par Aristote.

Bien plus, le plus grand génie qu'ait formé l'école d'Alexandrie, Archimède (287-212) vécut ensuite isolé à Syracuse, sa patrie; cette solitude put contribuer à développer ses merveilleuses facultés d'inventeur en mathématiques pures et appliquées; mais assurément elle nuisit à son influence, et, sans doute aussi, à sa largeur d'esprit. Archimède, s'il eût été péripatéticien, eût peut-être été le Galilée de l'antiquité; il avait le génie de l'invention mécanique; c'est dire qu'il possédait à l'état implicite le génie de l'expérimentation; mais il se crut toujours un pur mathématicien, alors même que l'industrie de ses compatriotes réalisait les instruments prédits par ses calculs, et personne sans doute ne lui suggéra de porter la lumière de ses formules sur les problèmes de physique posés et discutés par les philosophes.

V

Démocrite avait conçu la science comme une encyclopédie écrite. Aristote la conçut, à son exemple, comme une encyclopédie écrite; mais aussi, plus encore peut-être, comme une société de savants, société tenant le milieu entre une Académie et une École d'enseignement supérieur, qui réunissait sous la direction d'un chef régulièrement désigné de nombreux travailleurs adonnés à des recherches différentes, animés pourtant du même esprit, et qui possédait dans un local unique des salles de cours, des collections, une bibliothèque; s'il lui avait été donné de vivre plus longtemps ou de trouver des successeurs dignes de lui, son école se serait sans doute augmentée d'un jardin botanique, d'une collection d'animaux vivants, d'une salle de dissection, d'un observatoire, toutes choses qui existaient à Alexandrie, enfin d'un laboratoire. Mais pour cela il eût fallu qu'un Ptolémée bien conseillé fût maître à Athènes comme à Alexandrie; il eût fallu que ces deux villes n'en fissent qu'une; il eût fallu enfin qu'un disciple bien inspiré d'Aristote conçût l'idée de la méthode expérimentale.

Il y a là un fait négatif qui nous confond d'étonnement, nous autres modernes. L'idée de faire des expériences, de les varier, de les contrôler en les répétant et en les variant, semble le complément nécessaire de la physique de Démocrite et de la physique d'Aristote; or ni Démocrite (1), ni Aristote, ni les successeurs d'Aristote n'ont pensé à instituer une seule expérience; ni à Abdère, ni à Athènes (nous parlerons plus tard d'Alexandrie), on n'aperçoit même l'embryon d'un laboratoire. « Le mot τὰ φαινόμενα qu'Aristote emploie souvent pour désigner les faits naturels est caractéristique; c'était le terme usité pour désigner les phénomènes célestes. On observait les faits qui se produisent sur la terre de la même manière et de loin, comme si on ne pouvait exercer aucune action sur eux (2). » Certes les premiers philosophes ont eu raison de construire *a priori* et d'après les seules vraisemblances empiriques et logiques le système général de la nature; la physique ne pouvait commencer autrement; mais un tel système élaboré de cette manière était une simple hypothèse; des expériences bien conduites pouvaient en vérifier tel ou tel fragment, fragment logiquement lié à l'ensemble; le système tout entier pouvait ainsi s'appuyer sur des faits bien observés que l'on aurait pu montrer à ses adversaires. Cette idée, qui nous paraît aujourd'hui si simple, si naturelle, personne ne l'eut parmi les péripatéticiens; ces grands faiseurs d'hypothèses ne firent pas l'hypothèse des services qu'une expérience bien conduite aurait pu rendre à leurs systèmes.

L'absence de toute expérimentation se relie d'ailleurs chez eux à l'imperfection de la méthode d'observation (3). Chose étrange,

(1) Démocrite appuyait la théorie du vide sur trois faits erronés; des expériences convenablement faites et judicieusement interprétées eussent détruit et la réalité et la prétendue signification de ces trois faits; on ne saurait donc les appeler des expériences. D'ailleurs, peu lui importait; c'est par le raisonnement qu'il démontrait le vide et les atomes, et les sens, à son avis, sont trompeurs. Voir Ch. Lévêque, *l'Atomisme grec et la Métaphysique*, dans la *Revue philosophique*, avril 1878, pp. 362 et suiv.

(2) Ch. Thurot, *Recherches historiques sur le principe d'Archimède* (*Revue archéologique*, décembre 1868, janvier, février, avril, mai et juillet 1869), 1er article, p. 393. Les premières pages de ce mémoire contiennent des vues très pénétrantes sur la méthode scientifique d'Aristote; elles sont reproduites et complétées dans un article du même auteur, *Revue critique*, 1er février 1873.

(3) Voir un discours de von Littrow, de Vienne, sur *l'État arriéré des sciences chez les anciens* (traduit dans la *Revue scientifique* du 30 juillet 1870); on y trouve beaucoup de faits et de considérations à l'appui de la thèse suivante : artistes et idéalistes, les Grecs n'avaient pas l'esprit d'observation; ils ne savaient

Aristote, bon observateur par lui-même, est crédule à l'égard des observations d'autrui; tout fait une fois allégué lui paraît vrai; il en cherche le pourquoi sans songer à en vérifier l'authenticité (1); cet esprit si ingénieux à découvrir le vice d'un raisonnement semble considérer l'erreur comme un privilège de la marche dialectique de l'intelligence. Il a transmis ces habitudes d'esprit à ses disciples et à ses commentateurs. Un jour, Simplicius s'avisa de faire une expérience pour vérifier une assertion du maître; il se trouva que l'expérience donnait un démenti à Aristote; Simplicius crut s'être trompé et ne recommença pas (2).

Observer, c'est juger; c'est une espèce du genre jugement; l'erreur peut donc se glisser dans l'observation; celui qui ne comprend pas que, dans l'acte d'observer, « les sens obéissent à notre pensée », et que, pour voir les phénomènes tels qu'ils sont, l'intelligence qui dirige et arrête le regard « est encore plus nécessaire que de bons yeux (3) »; celui qui ignore combien il faut prendre de précautions minutieuses, combien de causes d'erreur il faut patiemment écarter pour arriver à constater un fait; celui qui ne sait pas se défier de ce que les autres ont cru voir et de ce qu'il croit voir lui-même, celui-là n'a pas l'esprit d'observation, et cette défiance, qui fait le véritable observateur, conduit tout droit à l'expérimentation. Ne l'ayant pas, les péripatéticiens ont collectionné et interprété des faits plus ou moins authentiques plutôt qu'ils n'ont observé, et ils n'ont pas expérimenté parce qu'ils se contentaient trop aisément en matière d'observation.

Qu'on ne dise pas que les moyens matériels leur firent défaut; c'est l'idée qui leur manqua. Un savant allemand ayant attribué « les graves erreurs d'Aristote, soit sur les principes de la philosophie naturelle, soit sur les applications de ces principes aux faits, au défaut des moyens d'observer et de mesurer avec précision », Ch. Thurot répondait excellemment : « Quand on est préoccupé d'observer, de compter, de mesurer, de peser, on a

pas regarder; aussi n'ont-ils su bien voir ni les choses du ciel ni les phénomènes terrestres. Il y a là quelque exagération ou quelque malentendu; qui a su mieux *voir* que les artistes grecs? Ce qui manqua aux Grecs, c'est la *méthode critique d'observation.*

(1) Ch. Thurot, dans les articles cités plus haut, donne de nombreux et curieux exemples. Cf. Lange (*Histoire du matérialisme*, trad. fr., t. I, pp. 73 et suiv., et notes), dont les jugements sur Aristote sont empreints d'une certaine exagération.

(2) Ch. Thurot, articles cités. Simplicius était néoplaticien et vivait au VIe siècle de l'ère chrétienne; il a d'ailleurs commenté Aristote avec une grande pénétration.

(3) Von Littrow, discours cité.

bientôt trouvé les moyens d'observer, de compter, de mesurer, de peser. Les atomistes, qui dérivaient les propriétés des corps de la forme, de la grandeur et de l'arrangement de leurs parties constitutives, auraient dû penser à compter, à mesurer, à peser » ; mais ils n'y pensèrent pas. Aristote considérait dans les phénomènes la qualité plutôt que la quantité et attribuait aux corps les qualités que nos sens perçoivent ; mais il traitait, quand il le fallait, de la quantité ; il avait, par exemple, une théorie de la pesanteur opposée à celle des atomistes ; il eût dû chercher dans une observation savante, c'est-à-dire dans l'expérimentation, le contrôle de ses théories ; il ne le fit pas. Les anciens philosophes raisonnent, disputent même sur des faits qu'ils trouvent dans les livres de leurs prédécesseurs, sans songer à les vérifier ; « ils sont tous plus préoccupés d'expliquer les faits que de les constater (1) ».

L'idée seule leur manqua, et nous ne pouvons attribuer leur oubli de l'expérimentation qu'à une défaillance de ces intelligences d'ailleurs si ingénieuses et si actives ; car nous trouvons chez eux tout ce qui devait les y conduire.

D'abord l'expérimentation elle-même était connue et pratiquée ; mais on ne comprenait pas sa valeur scientifique ; on n'avait pas l'idée qu'elle pouvait servir à révéler les causes des phénomènes. La médecine et la chirurgie expérimentaient toutes les fois qu'elles essayaient une médication ou une opération nouvelle. Depuis longtemps aussi, depuis les premiers pythagoriciens, on expérimentait en acoustique ; mais sans doute on ne pensait pas alors faire de la science ; on croyait s'adonner à une branche des mathématiques et assurer par une théorie savante la pratique d'un art très estimé, la musique ; on ne voyait pas que l'acoustique est une partie de la physique, puisqu'on ne pensait pas à appliquer le même procédé à l'étude de la mécanique ou de l'optique. N'était-ce pas de l'expérimentation, cette étude des conditions de la perspective théâtrale que fit à Athènes Agatharcus sous la direction d'Eschyle, dont il consigna les résultats dans un livre, et qui intéressa Démocrite à tel point que, loin du théâtre d'Athènes et sans expériences nouvelles, il voulut en approfondir la théorie dans des ouvrages spéciaux (2) ? En Égypte, il y avait de véritables laboratoires, dont les traditions remontaient à la plus haute antiquité ; on y pratiquait une métallurgie assez savante et une pharmacie nullement méprisable, c'est-à-dire qu'on y faisait empiriquement de la chimie minérale et de la chimie or-

(1) Ch. Thurot, *Revue critique*, art. déjà cité.
(2) Ch. Lévêque, art. cité, p. 360.

ganique; mais ces laboratoires étaient cachés dans les dépendances des temples égyptiens; leurs procédés étaient mystérieux et mêlés à des superstitions ridicules; les savants grecs d'Alexandrie durent en entendre parler; mais ils dédaignèrent sans doute de s'y faire initier, et ils ne comprirent pas qu'il y avait là le germe d'une science nouvelle. Cette magie industrielle ne pénétra que plus tard dans la culture hellénique, lorsque celle-ci eut perdu son caractère propre, quand elle fut décidément obscurcie par le néoplatonisme, c'est-à-dire quand les superstitions orientales eurent fait brèche dans le génie limpide de la Grèce et que l'esprit scientifique de l'antiquité fut tari dans ses sources vives (1). Il y a mieux. Aux environs de l'ère chrétienne, un Égyptien, nommé Bolus de Mendès, avait composé en grec et répandu sous le nom de Démocrite divers ouvrages inspirés par ces pratiques égyptiennes et par les théories qu'on y rattachait. La supercherie fut vite démasquée : un savant grammairien, Thrasyle, contemporain de Tibère, dressa une liste des écrits authentiques de Démocrite; Aulu-Gelle, un peu plus tard, savait bien distinguer le vrai et le faux Démocrite. Mais les écrits apocryphes paraissent avoir eu un certain succès dans le monde romain auprès d'esprits moins critiques, Columelle, Sénèque, Pline l'Ancien, qui les attribuaient, sur la foi du titre, au grand théoricien de l'atomisme. Pétrone, qui n'est évidemment qu'un écho, résume ainsi ce qu'il a ouï dire de Démocrite : « Il exprima les sucs de toutes les plantes, et, pour n'ignorer aucune des vertus secrètes des pierres et des végétaux, il consuma sa vie en expériences (*ætatem in experimenta consumpsit*). » Pense-t-on que la renommée scientifique de Démocrite en reçut un nouveau lustre? Nullement. On supposa qu'il avait été, durant ses voyages, initié aux sciences occultes de l'Orient; on le considéra comme un grand magicien (2). Ainsi, dans les idées d'alors, la science et l'expérimentation étaient deux choses distinctes et presque opposées; l'idée d'expérimentation était associée à celles de sorcellerie, de superstition et de charlatanisme, et ce préjugé, qui avait pour excuse des faits trop réels, subsista jusqu'à l'avénement de la science moderne.

Bien avant l'époque romaine, les Grecs eux-mêmes avaient une industrie, dont certaines branches étaient étroitement rattachées à leurs arts, comme celles qui préparaient des couleurs pour les

(1) BERTHELOT, ouvrage cité, p. 235 et *passim*.
(2) RENOUVIER, *Manuel de philosophie ancienne* (1844), t. I, pp. 239-240; BERTHELOT, ouvrage cité, pp. 145 et suiv.

peintres ou des matériaux pour les céramistes et les architectes; et l'industrie des Grecs expérimentait à sa manière, comme fait toute industrie, visant l'utile ou l'agréable, sans songer à la science. Théophraste, dans son petit traité *Sur les pierres*, qui est plein de renseignements précis, juge à propos de rapporter ces procédés de l'industrie de son temps, procédés qui constituaient une sorte de chimie pratique et rudimentaire; il y voit autant d'anecdotes relatives à son sujet; et puis il veut être complet: il y a des minéraux qui sont produits non par la nature, mais par l'art humain; ce n'est pas une raison pour les omettre; il ne lui vient pas à l'esprit que la science devrait à son tour imiter l'industrie et que des expériences désintéressées seraient autrement fécondes et instructives que celles des artisans. Il raconte qu'un nommé Cydias, « ayant remarqué dans l'incendie d'une hôtellerie que l'ocre à demi consumée prenait une teinte rouge », imagina de faire cuire en vase clos de l'ocre jaune et réussit à obtenir ainsi de l'ocre rouge plus ou moins foncée selon l'intensité du feu. Observation, hypothèse, vérification de l'hypothèse par une expérience bien conduite, variations concomitantes, tout l'essentiel de la méthode expérimentale moderne se rencontre dans ce seul exemple; il n'y manque que l'intention scientifique; mais Théophraste n'a vu là qu'un fait curieux digne d'être noté à sa place. Il raconte encore qu'on prépare la céruse en plongeant du plomb dans du vinaigre, le vert-de-gris en faisant baigner du cuivre dans de la lie de vin, le vif-argent « en pilant du cinabre avec du vinaigre dans des mortiers en bronze et avec des pilons de même métal »; quant au cinabre, il est naturel ou artificiel; ce dernier se tire d'un sable brillant qu'on trouve dans une mine d'argent près d'Éphèse; « le procédé par lequel on l'obtient a été trouvé par Callias d'Athènes, sous l'archontat de Praxibule, il y a environ quatre-vingt-dix ans ». On voit que les noms des inventeurs lui paraissent dignes d'être transmis à la postérité; mais la nature de leurs inventions aurait pu lui donner beaucoup à penser; on va voir qu'elles ne lui ont inspiré que des réflexions d'une prodigieuse platitude : « Ces faits prouvent, dit-il, que l'art imite la nature et peut créer des produits singuliers, soit en vue de l'utilité pratique, soit pour le simple amusement (φαντασία), soit pour les deux; tel est le cas du vif-argent (qui est une curiosité et) qui n'est pas non plus sans quelque utilité (1)... On pourrait arriver à bien d'autres découvertes du même genre (2). » L'élève d'Aristote a rencontré

(1) Laquelle? Théophraste ne le dit pas. — Cf. BERTHELOT, p. 231.
(2) *Des pierres*, § 53 à 60.

sur sa route et la chimie et la méthode expérimentale; mais il ne les a pas reconnues.

On a soutenu que les savants grecs d'Alexandrie pratiquèrent des recherches expérimentales. Il y a lieu de croire, en effet, que, de temps à autre, un savant, guidé par son instinct et inspiré par la nature bien comprise du problème qui l'occupait, institua quelques expériences; mais ce fut sans apercevoir ni l'originalité ni la fécondité du procédé qu'il substituait à la simple observation. C'est ainsi que les médecins d'Alexandrie avaient fait, dit-on, des vivisections, mais au hasard sans doute et « pour voir », non pour vérifier une hypothèse préconçue; c'est ainsi que Ptolémée avait fait des expériences sur la réfraction de la lumière. Pour que l'expérimentation portât tous ses fruits, il fallait qu'elle fût formulée, conseillée, recommandée, et non pas seulement pratiquée; il fallait que le précepte motivé fût joint à l'exemple. Il paraît bien que le Musée possédait une salle de dissection et un observatoire; il ne paraît pas qu'il ait jamais possédé sous un titre distinct quelque chose d'analogue à ce que nous appelons un laboratoire : les vivisections durent y être considérées comme un accessoire de l'anatomie, et l'optique y fut évidemment étudiée comme une branche de l'astronomie ou comme une sorte de géométrie de la lumière.

Les germes de la méthode expérimentale se trouvaient pourtant dans Aristote, en ce sens que la méthode de la science empirique, méthode facile à tracer *a priori* et dans ses lignes générales, n'avait pas échappé à son génie universellement investigateur. Mais ni Aristote ni ses successeurs n'ont su développer cette méthode et surtout l'appliquer; ils n'ont pas deviné sa fécondité; elle est restée stérile entre leurs mains. Déjà chez Platon on rencontre çà et là, dans le mythe de la Caverne par exemple, « des formules qui donnent à penser que l'idée d'observer les phénomènes et d'en prédire le retour d'après leurs invariables séquences n'était pas étrangère aux fondateurs de la métaphysique (1) »; Platon, comme on pouvait s'y attendre, n'a tiré aucun parti de cette idée dont l'intérêt était médiocre à ses yeux. Aristote est plus précis. Personne, même parmi les modernes, n'a dit en termes plus forts et plus rigoureux qu'il faut prendre les faits, les « phénomènes », pour point de départ, et ne chercher qu'ensuite les causes des faits, le pourquoi, les théories générales (2), et « souvent il ne

(1) BROCHARD, *les Sceptiques grecs* (1887), p. 371, note; et *la Méthode expérimentale chez les anciens* (*Revue philosophique*, janvier 1887), p. 44.

(2) Voir les textes réunis par CH. THUROT, *Revue archéol.*, 1er art., pp. 390 et suiv.

réfute des hypothèses très fondées de ses prédécesseurs que par attachement pour l'observation, qui semblait les contredire » (1). Théophraste va plus loin que son maître dans un curieux passage où il parle vraiment comme un moderne et dont sans doute il n'a pas compris lui-même la portée : il reproche à Platon de prétendre tout expliquer; il lui oppose, comme Aristote, qu'il faut toujours partir de principes non expliqués, et il ajoute : « Même en physique il ne faut pas chercher la cause de toutes choses; il est ridicule (γελοῖον) de se demander pourquoi (διὰ τί) le feu brûle, pourquoi la neige fait froid (2). » Aristote lui-même, quand il s'agit de dépasser les faits, est moins satisfaisant que quand il se borne à proclamer en termes généraux qu'il faut commencer par eux; sans doute il préfère les hypothèses de Démocrite, qui relient entre eux beaucoup de faits réels, aux raisonnements trop *a priori* des platoniciens; mais, pour trouver la cause, il remonte par une vue directe de l'esprit à un principe général hypothétique, lequel est le plus souvent arbitraire; il ne voit pas que la cause tant cherchée, c'est simplement la loi ou l'antécédent du phénomène, ou l'ensemble de ses conditions; il veut trouver des « principes propres » à chaque genre de phénomènes et de ces principes déduire l'explication de chaque phénomène spécial; préoccupé de démonstration, il ne voit pas que les principes propres, s'ils existent, sont de grandes lois obtenues par induction; croyant à la réalité des qualités sensibles, adversaire de la théorie démocritéenne de l'unité de matière et de l'univers ramené à un mécanisme, il dédaigne l'application des mathématiques à la physique; il ne voit pas que le nombre et le calcul peuvent s'adapter à tous les faits comme déjà, de son temps, on les appliquait à ceux de l'astronomie, de l'optique et de l'acoustique, et il néglige ainsi un fécond principe de déduction (3). Ses idées sur les rapports de l'induction et de la déduction semblent n'avoir jamais été nettement dégagées; le naturaliste et l'inventeur du syllogisme ont cherché en vain à se mettre d'accord.

VI

Malgré ces imperfections de la méthodologie d'Aristote, un lecteur éclectique et prévenu pouvait, en réunissant habilement divers

(1) Renouvier, ouvr. cité, t. II, p. 378.
(2) *Fragment* 40, édit. Wimmer (coll. F. Didot).
(3) Ch. Thurot, 1er article, pp. 395-396; Lange, p. 80 et note 54.

passages dispersés dans ses œuvres (1), constituer une sorte d'ébauche de méthode empirique et inductive. On a supposé que le démocritéen sceptique Nausiphane, qui fut le maître d'Épicure, recueillit ces idées d'Aristote et les rédigea à sa manière dans un ouvrage spécial, intitulé *le Trépied*, qui fut, on le sait par Diogène Laërce, le premier modèle de la Canonique d'Épicure, et qui plus tard a probablement servi d'Organon aux fondateurs de la secte médicale des empiriques ; car un des premiers partisans de cette doctrine, Glaucias, en formulait la méthode, vers l'an 276 avant l'ère chrétienne, dans un livre intitulé *le Trépied*, comme celui de Nausiphane, et dont les idées étaient vraisemblablement analogues (2). L'école empirique fut d'ailleurs fondée à Alexandrie, c'est-à-dire dans un milieu pénétré de l'esprit aristotélique, et à l'époque même où s'organisait le Musée. Elle se perpétua et se répandit dans le monde grec, sans pourtant triompher des écoles rivales. En même temps et parallèlement à elle se développait la philosophie épicurienne, dont les vues sur la méthode sont analogues. Du reste, les deux disciplines ne se mêlèrent pas; leurs fins étaient très différentes; le point de départ seul paraît leur avoir été commun.

La Canonique épicurienne est une méthode empiriste à courte vue. La sensation étant posée comme la source et le critérium de toute connaissance, Épicure semble se défier même de l'induction, dont il n'a d'ailleurs qu'une idée assez confuse; il craint sans doute que l'esprit, en généralisant, ne soit infidèle à la sensation; il ne songe pas à régler par des préceptes spéciaux l'usage de la généralisation inductive, et il n'a aucune idée de l'expérimentation. Il pense qu'il est sage de croire que les choses sont ce qu'elles paraissent; mais en même temps, par une singulière contradiction, il croit atteindre par le raisonnement la réalité en soi, l'atome, et son mouvement, le *clinamen*, lesquels sont tout autre chose que des apparences. Enfin, l'esprit général de sa philosophie est anti-scientifique; il invite ses disciples à la paresse : la vérité est simple, et lui-même l'a trouvée pour eux (3).

(1) Voir Brochard, *les Sceptiques grecs*, pp. 32, 370, 371.

(2) Hypothèse exposée par M. Brochard dans l'article et dans l'ouvrage déjà cités, auxquels nous renvoyons également pour tous les détails résumés ci-après, relatifs à la logique épicurienne et à celle des médecins empiriques; voir *les Sceptiques grecs*, pp. 311 et suiv., 325-326, 363 et suiv. — On pouvait aussi s'inspirer de Théophraste, qui, d'après un texte de Sextus, aurait interprété la théorie de l'intelligence d'Aristote dans un sens qui rappelle la doctrine de la sensation transformée de Condillac (Renouvier, *Manuel de philosophie ancienne*, t. II, p. 209-210); mais ce point mériterait un examen spécial.

(3) M. Renouvier parle avec une verve heureuse de ce misérable petit système

La plupart suivirent ce conseil trop commode, mais non pas tous; Zénon l'épicurien, qui fut un des maîtres de Cicéron, s'attacha à perfectionner la Canonique de l'école; avec lui, la méthode empiriste, qui était restée grossière et vague chez Épicure, devient précise et rigoureuse; il comprend mieux la nature de l'induction et il donne les règles qui permettront d'éviter l'erreur en l'employant; il permet la déduction, mais à la suite d'inductions bien faites et seulement pour en tirer les conséquences légitimes. Quant à l'expérimentation, il l'ignore, comme Aristote, comme Théophraste, comme Épicure.

Pendant longtemps les médecins empiriques répétèrent les formules de Glaucias, soutenant que l'observation sensible est le seul fondement des connaissances, qu'il faut réunir les observations semblables, et, quand on raisonne, aller du semblable au semblable, par analogie, avec prudence et scepticisme, sans jamais prétendre ni rien démontrer ni rien savoir à l'avance. C'est seulement au IIe siècle de l'ère chrétienne qu'apparaît parmi eux un esprit éminent qui fit faire à la logique de l'empirisme un progrès décisif. Jusqu'à Ménodote, « la méthode scientifique avait été entrevue plutôt que connue ; elle n'avait été décrite qu'en termes très généraux ; personne n'avait su lui donner la rigueur, la précision, les développements, sans lesquels elle ne pouvait contribuer sérieusement aux progrès de la science » (1).

Le seul penseur de l'antiquité dont la physionomie intellectuelle nous fasse songer à Stuart Mill et à Claude Bernard, c'est ce Ménodote de Nicomédie, médecin empirique et philosophe sceptique, que nous connaissons seulement par Sextus Empiricus, qui s'en inspire plus souvent qu'il ne le cite, et par Galien, qui le réfute. Personne parmi les anciens n'a eu au même degré ce que nous appelons l'esprit scientifique ; personne n'a mieux deviné ce que doit être la méthode des sciences de la nature. Selon lui, l'observation directe ou *autopsie* peut être fortuite ou imitative ; ce dernier terme désigne clairement l'expérimentation. Les cas négatifs doivent être soigneusement notés et comparés numériquement aux cas positifs ; c'est la méthode de différence de Stuart Mill posée comme contrôle nécessaire de la méthode de concordance. L'observation ne doit pas être passive, mais savante ; elle ne doit pas être une routine, mais un art. Et l'art est tout autre chose que l'érudition ; celle-ci se contente d'accumuler des faits

logique, de l'esprit anti-scientifique d'Épicure et de ses disciples, de leur ignorance honteuse et volontaire (ouvr. cité, pp. 215-217, 261-262, 269, 287).

(1) Brochard, article cité, p. 44.

plus ou moins concordants, plus ou moins contradictoires; l'art les groupe et les sépare savamment selon les ressemblances et les différences qu'ils présentent à une étude attentive. Quand on a constaté la régularité d'une succession de phénomènes, on la formule par un *théorème*; nous dirions aujourd'hui une *loi*. Il faut tenir compte des observations de ses devanciers, car la vie est courte; mais tous les témoignages n'ont pas la même valeur; il faut en faire la critique; il faut les comparer à l'expérience personnelle déjà acquise, et, au besoin, les vérifier soi-même par des observations imitatives. Si l'on se trouve en présence d'une maladie inconnue ou d'un remède nouveau, on en prévoit les effets par analogie; mais cette prévision est hypothétique; il faut l'observation directe, soit fortuite, soit imitative, pour changer l'hypothèse en certitude. Aucun principe *a priori* ne justifie d'avance ces opérations; leur seule garantie, c'est la vérification des vues de l'esprit par l'expérience; leur valeur est mesurée par leur succès; leur critérium, c'est l'avenir conforme au passé.

Ajoutons que Ménodote a parfaitement compris, et compris en philosophe l'esprit de cette méthode; car il l'opposait à la méthode démonstrative, qui prétend tout définir et tout expliquer, tout rattacher à des nécessités immuables et à des principes *a priori*; celle-ci était la méthode secrète ou avouée, non seulement des médecins dogmatiques, ses adversaires, mais encore de tous les philosophes antérieurs, même d'Aristote, dans la plupart de ses entreprises, même d'Épicure, qui prouvait déductivement l'atome et le *clinamen*.

Ménodote offrait aux chercheurs de son temps quelque chose de tout à fait nouveau, la méthode expérimentale, non pas parfaite assurément, car il ne semble pas qu'il ait parlé des variations concomitantes, ni résumée en formules saisissantes comme chez Bacon et Stuart Mill, mais néanmoins bien comprise, clairement exposée, rattachée à des vues hardies de psychologie phénoméniste. Il songeait avant tout à affermir les procédés traditionnels des sciences médicales; mais il songeait évidemment aussi — sans confiance peut-être, car il était sceptique — à une réforme générale de la méthode des sciences physiques et naturelles. Tandis que Démocrite et Aristote avaient abordé le problème de la science philosophiquement, c'est-à-dire par des vues d'ensemble et par une curiosité universelle qui scrutait tous les problèmes un peu à l'aventure, sans méthode préalable bien arrêtée, Ménodote l'abordait par la méthode et déterminait enfin l'instrument, vainement cherché avant lui, par lequel on peut espérer d'arracher ses secrets à la nature.

Mais il ne fut pas compris; sa tentative échoua, comme celles de Démocrite et d'Aristote. Aucune découverte ne porte son nom; aucune n'est rapportée à l'emploi de sa méthode; il faut croire qu'elle ne fut pas appliquée avec assez d'intelligence ou de ténacité, soit par lui-même, soit par ses élèves et ses successeurs; si la médecine lui avait été redevable d'un progrès notable qui fît date dans son histoire, le nom de Ménodote ne serait pas resté obscur; ses ouvrages nous auraient été conservés, et son adversaire, le dogmatiste Galien, qui nous l'a fait connaître par ses réfutations, n'aurait pas conquis une célébrité que Ménodote, comme théoricien tout au moins, méritait mieux que lui.

En dehors des écoles médicales ses idées durèrent ce que dura l'école sceptique (1), c'est-à-dire qu'elles furent vite oubliées et qu'elles n'ont exercé aucune influence appréciable soit sur la marche des sciences, soit sur l'évolution des idées philosophiques. Les stoïciens, les nouveaux péripatéticiens, les néoplatoniciens se trouvèrent d'accord pour les ignorer et pour rester fidèles au dogmatisme traditionnel et à la méthode *a priori*. La philosophie grecque finit comme elle avait commencé, étrangère à l'observation précise et savante, inhabile à l'induction, toujours confiante dans la valeur objective des hypothèses par lesquelles elle construisait à grands traits le système des choses.

VII

A quelles causes faut-il attribuer l'échec de Ménodote et l'oubli dans lequel son nom même est tombé? Comment l'apparition de la méthode expérimentale n'a-t-elle pas été saluée avec enthousiasme dans le monde grec comme la bonne nouvelle attendue depuis longtemps par les savants? Deux raisons peuvent en être données : l'une spéciale, l'autre très générale.

Une méthode est un instrument plus encore qu'une théorie; elle est vraie si elle est efficace; c'est en faisant ses preuves, en donnant des résultats qu'elle établit sa légitimité. Or, l'inventeur de la méthode expérimentale était un médecin, et, tout naturellement, c'est aux problèmes de la médecine qu'il voulut appliquer la nouvelle méthode. Mais la médecine est, de toutes les spéculations, la moins propre à recevoir la forme scientifique, la plus rebelle à formuler en lois ses acquisitions; quand elle échappe au dogmatisme absurde d'un Galien ou d'un Broussais, elle devient aisé-

(1) Voir Brochard, *les Sceptiques grecs*, p. 327-328.

ment une école de scepticisme; ainsi Magendie, expérimentateur hardi et ingénieux, n'osait ou ne voulait, l'expérience finie, rien affirmer, rien conclure au delà du fait qu'il avait vu; il craignait les idées. Le médecin passe sa vie à jouer avec des probabilités dont il ignore le degré; ces degrés, il les suppose à tout hasard; il parie, gagne ou perd, puis rectifie ses hypothèses; à la longue, il parie mieux et perd moins souvent; mais cette habitude d'esprit, tout à fait opposée à l'emploi d'une méthode rigoureuse, lui devient une seconde nature. Il y a vingt ans seulement, le savant expérimentateur et le médecin étaient deux types intellectuels très différents; aujourd'hui il n'en est plus de même; mais que de génie et surtout que de ténacité Claude Bernard et Pasteur ont dû déployer pour créer la médecine expérimentale et pour la faire accepter par le monde médical! D'ailleurs, si leur entreprise a réussi, c'est qu'elle venait à son heure : l'œuvre biologique de Claude Bernard et de Pasteur suppose une chimie déjà très avancée; la chimie de Lavoisier et de J.-B. Dumas suppose de même plusieurs générations de physiciens, Galilée tout d'abord, puis Pascal, Newton, etc. Si l'on veut apprécier ce qu'il y avait de prématuré, on peut même dire de paradoxal, dans la tentative de Ménodote (1), qu'on se représente Stuart Mill exerçant la profession de médecin, vivant au XVe siècle, et essayant alors de transformer selon ses idées la méthode usitée en médecine; sans doute il eût exposé ses projets en un livre admirable, mais ce livre n'eût pas été compris avant l'époque de Galilée; car les exemples éclatants, nécessaires pour commenter les préceptes, auraient fatalement fait défaut. Le génie de Galilée s'est montré dès l'origine quand, passionné pour la science exacte, il abandonnait l'étude de la médecine et s'attachait à la physique; là, en effet, l'objet est relativement simple et relativement fixe; il ne se dérobe pas; on peut le mesurer sans peine. Galilée fonda la science moderne parce qu'il eut le merveilleux bon sens de la commencer par le commencement (2).

Archimède, avons-nous dit, aurait pu faire au IIIe siècle avant l'ère chrétienne ce que fit Galilée à l'aurore des temps modernes. Mais Archimède fut un déductif, un mathématicien; il n'aborda, en fait de problèmes de physique, que ceux qui supposaient des observations très simples et très vulgaires, et il put ainsi se dissi-

(1) Cf. BROCHARD, ouvrage cité, pp. 378 et 445.

(2) Galilée (1564-1642) fut devancé de quelques années par Stevin, de Bruges (1548-1620); mais Stevin, ayant écrit son ouvrage (1586) en hollandais, fut peu lu et peu compris (CH. THUROT, *Revue archéol.*, 4e art., p. 286; 6e art., p. 31).

muler à lui-même les prémisses empiriques de ses raisonnements. Vérifier expérimentalement ce qu'on a trouvé par calcul et jugé nécessaire, ce n'est pas pratiquer la méthode inductive; construire un instrument dont le fonctionnement est sûr s'il est conforme à la figure qui sert de modèle à l'ouvrier et si aucune erreur de calcul ne s'est glissée dans les raisonnements de l'inventeur, ce n'est pas vérifier une hypothèse; c'est réaliser matériellement une certitude de l'esprit; l'idée préconçue, chez le véritable expérimentateur, est douteuse; il cherche par son industrie à la confirmer; le raisonnement mathématique est son auxiliaire et non pas son unique méthode. Aussi n'est-ce pas Descartes qui, dans les temps modernes, a fondé la science inductive; ceux qui induisent en physique croient à l'indépendance au moins provisoire de cette science; ils ne la ramènent pas à la mécanique.

L'échec de Ménodote a d'ailleurs une cause plus profonde que l'application prématurée de sa méthode à la plus complexe des sciences de la nature. Quand bien même il eût découvert des lois de physiologie, de pathologie ou de thérapeutique, lois définitives, dignes de rester éternellement dans la tradition scientifique, il ne pouvait rien fonder dans le monde grec, parce qu'il était trop tard. Depuis longtemps, l'idée de la science était obscurcie; la curiosité désintéressée se faisait de plus en rare; les préoccupations se portaient d'un autre côté. Ce mouvement anti-scientifique ou anti-spéculatif, qui pouvait d'ailleurs se réclamer des préceptes de Socrate, avait commencé presque au lendemain de la mort d'Aristote et n'avait fait depuis lors que s'accentuer: les nouveaux stoïciens, contemporains de Ménodote, sont bien moins savants que les fondateurs de la secte. Ménodote, au IIe siècle de l'ère chrétienne, ne pouvait être compris et surtout écouté comme il le méritait, comme il l'eût été cinq cents ans plus tôt.

Après l'époque d'Alexandre et d'Aristote a commencé pour l'esprit grec une période de crise, d'où il n'est sorti qu'au bout de plusieurs siècles pour se perdre dans le mysticisme oriental. A la belle confiance de l'âge héroïque a succédé l'inquiétude des âmes; la morale traditionnelle est ébranlée; le culte de la cité et de ses Dieux s'est affaibli; l'Olympe ne parle plus à ses enfants la belle langue sereine d'autrefois; l'Hellène, vaincu par les Macédoniens et assiégé par les Romains, a douté de ses Dieux et de son génie; il se demande désormais ce qu'il faut faire de la vie, et il interroge sa pensée, non sur ce qui est, mais sur ce qu'il faut être; les philosophes ne sont plus à la recherche du vrai, mais à la recherche d'un état d'âme : ἡσυχία, ἐποχή, ἀπονία, ἀταραξία, ἀπαθεία.

Le poème de Lucrèce nous représente aujourd'hui ces âmes troublées qui trouvaient ou croyaient trouver le repos dans une doctrine; une vérité toute faite, rapidement conquise ou apprise, servait de préface ou de prémisses à une morale, qui seule importait. Pour Épicure et Lucrèce la physique sert à délivrer de la crainte des Dieux et à permettre ainsi à l'âme tranquillisée de chercher le bonheur par des moyens terrestres. Comme Épicure et comme Pyrrhon, les fondateurs du stoïcisme sont des moralistes; la science pour eux n'est pas une fin, mais un moyen; la physique donne les bases de l'éthique, et si l'éthique donne le repos, la physique a bien rempli sa tâche. « Telles étant les choses, telle doit être la vie; et maintenant vivons de notre mieux; appliquons l'éthique et soyons des sages. » Voilà la préoccupation dominante des philosophes grecs et romains depuis le retour en Grèce de Pyrrhon, soldat désabusé de l'armée d'Alexandre, jusqu'à l'invasion du néoplatonisme et du christianisme. La morale absorbe la philosophie; elle est la fin exclusive de toute spéculation, de toute réflexion; celui qu'on appelle un *philosophe* poursuit la sagesse pratique ou croit la posséder; mais il n'a pas l'esprit scientifique. La science désintéressée n'est plus à la mode; on demande à la philosophie, à l'effort individuel de la pensée, ce qu'aux époques plus sereines la religion donnait surabondamment à tous, la paix de l'âme et le sens de la vie (1).

Le stoïcisme et les sectes analogues pénétrèrent peu dans l'Égypte hellénisée; aussi la science continua-t-elle à être honorée à Alexandrie; mais l'influence des savants alexandrins sur la culture générale du monde grec d'abord, puis du monde gréco-romain, fut à peu près nulle, parce que la philosophie avait cessé de les comprendre et de les encourager, parce que, au contraire, elle détournait d'eux l'attention des esprits indépendants et curieux. Bientôt, en Égypte même, la culture scientifique fut menacée par l'invasion lente des idées orientales. Au commencement du second siècle de l'ère chrétienne vivait à Alexandrie le dernier des grands savants de cette école, l'astronome Claude Ptolémée, et, à cette époque même, Alexandrie était visitée par l'empereur Hadrien, dont une lettre curieuse nous fait connaître les impressions de

(1) Personne en France n'a mieux pénétré et mieux expliqué les misères morales et intellectuelles de cette période que M. E. Havet dans son beau livre sur *le Christianisme et ses origines*; personne aussi n'a mieux compris les imperfections de la science hellénique et le peu d'influence qu'elle eut sur les âmes, faute d'avoir été vulgarisée par les procédés familiers aux modernes. Nous aurions pu le citer à mainte reprise dans le cours de cette étude, mais il suffit de renvoyer une fois pour toutes à un ouvrage qui est dans toutes les mains.

touriste éclairé : dans cette ville, naguère la seconde capitale de l'hellénisme, « toutes les superstitions régnaient dans une confusion universelle » (1).

Dans les écoles philosophiques, la direction nouvelle imprimée à la pensée avait arrêté les sciences de la nature au point où Aristote et ses premiers disciples les avaient laissées; la philosophie fut désormais stérile pour le développement des connaissances positives; la physique ne fit plus de progrès qu'entre les mains des mathématiciens, la biologie qu'entre celles des médecins. Ajoutons que ces progrès, sauf peut-être dans les mathématiques pures et l'astronomie, furent médiocres, intermittents, compensés par des reculs ou des oublis. Ainsi, les recherches physiques d'Archimède, particulièrement la loi qui aujourd'hui encore porte son nom, restèrent inconnues des commentateurs d'Aristote et en général des philosophes. Galien, d'une part, et, de l'autre, Sénèque, qui traduisait sans doute le stoïcien Posidonius, sont les seuls auteurs anciens qui parlent de la pesanteur en esprits dégagés de l'aristotélisme et instruits des travaux d'Archimède. En somme, « dès le commencement de l'ère chrétienne les sciences physiques entrèrent dans une période de profonde décadence d'où elles ne sortirent qu'à la fin du XVIe siècle » (2). Sénèque, à la fin de sa compilation intitulée *Questions naturelles*, parle de la science et de ses progrès à venir en termes enthousiastes; il semble proposer les recherches physiques à la jeunesse de son temps comme la plus belle occupation à laquelle elle puisse se livrer; mais en même temps il constate et déplore la décadence des études; « loin de faire des découvertes sur ce qui avait échappé aux anciens, on laisse se perdre, dit-il, bien des vérités qu'ils avaient trouvées, » et lui-même, dans une lettre à Lucilius, oubliant son zèle d'un moment pour la science de la nature, condamne presque sans réserve la plupart des études libérales, les jugeant toutes d'après leur rapport avec la morale, « qui seule achève l'âme» (3). C'est presque le mot de l'Évangile : « Une seule

(1) Renouvier, article déjà cité sur *le Progrès dans les sciences*. Dans cet article et ailleurs M. Renouvier me semble avoir surfait la science alexandrine et surtout son influence : « La positivité, dit-il, *régnait* dans le domaine qui lui appartient légitimement. » Nous croyons avec M. Havet qu'elle était bien loin de *régner* et que les vérités les mieux prouvées ne se répandaient pas; nous croyons aussi que le savoir positif se développa à Alexandrie à une époque peu favorable à son prestige. — La lettre d'Hadrien, conservée par Vopiscus, *Vie de Saturninus*, est traduite dans Renan, *l'Église chrétienne*, p. 189.

(2) Ch. Thurot, *Revue archéol.*, 1er art., p. 399; 2e art., pp. 44 et suiv.; 6e art., p. 30.

(3) *Lettre* 88.

chose est nécessaire.» Ailleurs, il conseille à Lucilius de se borner à la lecture des ouvrages de morale (1), et il parle de la bibliothèque d'Alexandrie en homme qui n'en comprend pas l'utilité (2).

Les époques de foi aveugle, irréfléchie, sont en un sens plus favorables à la science pure que les époques de libre pensée; l'histoire de la science moderne le montre aussi bien que celle de la science ancienne. Pour faire sa tâche en bon ouvrier, un grand savant doit avoir l'âme tranquille; il est bon qu'il ne soit pas distrait par d'importunes préoccupations; il faut qu'il n'ait pas à gagner péniblement sa vie par un métier étranger à ses études; il faut aussi qu'il n'ait pas à faire, arrivé à l'âge d'homme, son état d'âme, sa morale, sa foi, et à chercher une solution du problème de la destinée humaine; tant mieux s'il est riche, comme Lavoisier et Darwin; tant mieux s'il a la foi naïve d'un Ampère ou d'un Faraday. Supposons Jouffroy chimiste ou mathématicien; le sentiment douloureux de la foi perdue l'eût sans cesse distrait de ses expériences ou de ses calculs; Jouffroy ne pouvait être que poète ou philosophe, et il aurait peut-être été bien meilleur psychologue s'il avait pu, comme Descartes, « mettre à part », une fois pour toutes, les vérités de la religion dans laquelle il avait été élevé.

C'est seulement à partir du IIIe siècle avant l'ère chrétienne que l'atmosphère morale du monde grec est devenue ainsi défavorable à la science. Quant au problème d'affranchir le savant des soucis matériels de l'existence, l'antiquité ne l'a résolu en aucun temps. La spéculation n'était permise qu'aux riches et aux sages, aux Empédocle et aux Socrate. Les sophistes, qui vendaient la sagesse, n'eurent qu'un temps; de même les érudits subventionnés d'Alexandrie. Les savants du moyen âge étaient des moines; les libres penseurs de la Renaissance cherchèrent plus d'une fois dans l'exercice de l'art médical un gagne-pain et une protection; nos sociétés modernes ont le professorat : le savant sans fortune vit de sa science en l'enseignant, comme le prêtre vit de l'autel. Rien de pareil dans l'antiquité : aucune situation sociale déterminée ne permettait de consacrer sa vie à la recherche de la vérité; la science ne donnait à vivre à personne; on était savant par pure vocation. Dans ces conditions, le recrutement des savants devait présenter des inégalités, et parfois des intermittences absolument défavorables au maintien d'une tradition régulière.

(1) *Lettres* 2 et 45.
(2) *De tranquillitate animi*, ch. IX.

VIII

Quatre négations peuvent résumer l'histoire des essais infructueux tentés par les Grecs pour fonder, avant l'invasion du christianisme et celle des barbares, quelque chose d'analogue à la science moderne : — la science encyclopédique, une et multiple, de Démocrite et d'Aristote n'a pas réussi à fonder une tradition progressive et un enseignement régulier des résultats acquis ; — l'école fondée par Aristote n'a pas servi à coordonner les travaux des savants spéciaux, Alexandrins ou autres ; — ni ceux-ci, ni les empiristes des derniers temps n'ont su appliquer leurs méthodes à l'institution de la physique expérimentale, clef de voûte nécessaire de l'édifice rêvé par Démocrite et par Aristote ; — enfin, les érudits d'Alexandrie n'ont même pas su instituer une tradition durable de philologie précise dont toutes les sciences eussent ensuite profité, comme les savants de nos jours profitent des bibliothèques bien classées, des bibliographies bien faites et des éditions savantes des œuvres de leurs devanciers.

Tout en racontant les faits, nous avons plus d'une fois cédé à la tentation de corriger la véritable histoire par des hypothèses utopiques ou, pour mieux dire, uchroniques (1), et d'indiquer ainsi par quelles circonstances, à la rigueur vraisemblables, les événements eussent pris un cours tout différent. Nous avons supposé Démocrite vivant à Athènes, émule et collègue de Socrate dans le Musée fondé par Périclès ; Aristote disciple et successeur direct de Démocrite ; Eudème successeur d'Aristote ; Ménodote contemporain d'Eudème ou de Straton ; un successeur d'Eudème inventant pour son compte la méthode expérimentale ou l'empruntant à Ménodote et l'appliquant à la physique ; Archimède vivant au milieu des péripatéticiens et employant son génie à trouver des solutions rigoureuses aux problèmes posés par ses devanciers. Faut-il donc voir dans l'histoire vraie une série d'accidents fortuits et n'attribuer qu'à des faits contingents les conséquences dont nous cherchons la raison ? Faut-il croire que l'avortement de la science ancienne est un phénomène sans causes profondes et dont un récit presque sans commentaire suffit à donner la clef ? Hypo-

(1) On sait que M. Renouvier a écrit une sorte de roman historique intitulé *Uchronie :* Marc-Aurèle mourant déshérite Commode ; Pertinax lui succède ; la culture hellénique se maintient dans le monde romain ; les religions orientales, parmi lesquelles le christianisme, sont refoulées en Asie, etc.

thèse séduisante pour ceux qui répugnent à croire à la nécessité dans les choses humaines et qui conservent une foi inébranlable dans la vertu des libres initiatives individuelles. Pourquoi ne suffirait-il pas de dire que si les Grecs ont laissé aux modernes la gloire de fonder et d'organiser la science, c'est que, par un accident inexplicable, le grand homme qui eût fait cette œuvre leur a manqué? Mais cette solution en quelque sorte désespérée ne s'impose pas; il est permis de chercher et l'on peut espérer trouver des causes profondes, de vraies causes, au phénomène qui fait l'objet de notre étude.

Si l'on veut énumérer au complet toutes les conditions non réalisées de la fondation de la science dans l'antiquité, les hypothèses précédentes, en effet, ne peuvent suffire; il faudrait en ajouter d'autres plus hardies encore; il faudrait supposer les Grecs autres qu'ils n'étaient, doués par leurs Dieux protecteurs de deux vertus qu'ils n'eurent jamais : l'esprit de suite et l'esprit d'organisation.

Cette race merveilleusement douée n'eut jamais, comme les Romains, une conscience collective et héréditaire de ses destinées; passionnée pour la liberté, qui est un fait négatif, elle ne le fut jamais au même degré pour le pouvoir et pour l'influence; elle a eu des généraux et des hommes politiques; elle n'a pas eu une politique. Les petits peuples qui la composaient se liguaient momentanément en face d'un ennemi commun, d'un danger pressant; mais ces associations n'étaient ni complètes ni durables; toute ligue patriotique avait ses rivaux, ses adversaires dans la Grèce même, et se dissolvait après la victoire ou la défaite.

L'esprit de suite et l'esprit d'organisation firent défaut aux penseurs de la Grèce comme à ses chefs politiques : Démocrite n'eut pas de successeurs; Platon et Aristote, plus prévoyants, firent le possible pour assurer après eux la continuation des études commencées sous leur direction; mais les écoles qu'ils avaient fondées dégénérèrent sous leurs successeurs; à toutes les époques les vérités sérieusement établies furent bientôt oubliées; les bonnes méthodes, à peine entrevues, furent aussitôt délaissées. Jamais non plus les penseurs de la Grèce ne surent associer spontanément leurs entreprises et coordonner leurs efforts. La volonté intelligente d'un roi macédonien, c'est-à-dire d'un homme politique étranger à l'esprit de secte et à l'esprit de cité, groupa pendant quelques générations à Alexandrie des savants différents par leurs origines et par leurs études; là, semble-t-il, on ne se disputa pas; on travailla de concert ou du moins côte à côte. Ainsi, quand la science hellénique se montra organisée, ce fut en Égypte, sur la terre classique de la tradition, et ce fut sous la protection d'un pouvoir monarchique. Mais vit-on jamais à Athènes, ou dans toute autre vieille cité de la Grèce proprement dite, des mathématiciens, des astronomes, des historiens d'opinions distinctes se réunir pour s'éclairer mutuellement, pour se communiquer leurs découvertes et leurs projets? Les cités rivales ou ennemies se syndiquaient parfois pour résister à un adversaire commun; mais jamais l'erreur, la superstition, l'ignorance ne firent peur aux hommes qui croyaient tenir la vérité; jamais ils n'eurent l'idée de se liguer contre ces ennemis abstraits et d'ailleurs méprisables; l'ennemi pour eux ou l'adversaire, ce fut toujours l'école rivale. Les écoles étaient constituées sur le modèle des cités; la rivalité les faisait vivre; la discussion dont elles étaient le théâtre ou l'objet les rendait intéressantes; si les Grecs ont aimé la philosophie, c'est qu'elle ressemblait beaucoup à leur politique. Aristote lui-même, le théoricien de la démonstration, a écrit huit livres (1), presque illisibles pour les modernes, sur la théorie de la discussion, et souvent l'on ne sait si ses préceptes s'adressent à l'orateur ou au philosophe, s'il continue sa *Logique* ou prépare sa *Rhétorique*. Depuis les héros d'Homère jusqu'aux stoïciens, en passant par les orateurs d'Athènes, tous les Grecs emploient le meilleur de leur existence à combattre par la parole des adversaires qui jugent autrement qu'eux les choses, les hommes, les événements; Gorgias resta leur maître jusqu'à la fin; même les Socrate, les Zénon, les Chrysippe, ceux qu'on appelait des sages, ne concevaient pas la vie sans la dispute; seuls, Pyrrhon et quelques cyniques, par un effort qui parut surhumain à leurs compatriotes, s'affranchirent de cet instinct fondamental de l'âme grecque qui lui imposait la dialectique comme élément indispensable du bonheur et forme préférée de l'activité (2). Est-ce là l'esprit de la science? En aucune façon. La science moderne admet les rivalités et elle vit de l'émulation; mais les savants, rivaux ou simplement émules, savent qu'ils collaborent à la même œuvre; tandis que, chez les Grecs, la perpétuelle critique des principes, le conflit permanent des idées fondamentales, créaient un état d'instabilité doctrinale incompatible avec une science organisée. Nous distinguons tous les jours la science faite et la science qui se fait; ce sont là des idées qui ne furent jamais clai-

(1) Les *Topiques*.

(2) Lange (t. I, p. 11, trad. fr.) pense qu'avant eux Démocrite avait méprisé et condamné la dialectique; le fait fût-il vrai, il reste que Démocrite pratiqua exclusivement, nous l'avons vu, la méthode déductive.

rement conçues dans l'antiquité. Le dialecticien, en effet, est plus soucieux de prouver par des raisonnements la vraisemblance de ses hypothèses aux dépens des hypothèses de ses rivaux que d'établir tranquillement des vérités soit générales soit particulières, pierres d'attente d'une science durable, matériaux achevés d'un édifice éternel; si, dans le cours de ses réflexions, il rencontre une loi, c'est un heureux hasard; car les lois sont les connexions de fait des phénomènes dissemblables, connexions impossibles à deviner *a priori* et que l'observation seule peut révéler; sa méthode le condamne aux déductions analytiques, aux démonstrations ou aux réfutations *a priori*; les synthèses inductives, les lois, s'obtiennent par un procédé tout différent, par un labeur solitaire et patient dans lequel le savant n'a d'autre adversaire que la subtilité de la nature.

La dialectique orale était aimée à tel point par les anciens Grecs que bien souvent elle leur semblait suffire et qu'elle constituait à leurs yeux ou remplaçait la science. Le nombre est incroyable des penseurs qui ne laissèrent aucun ouvrage; ce ne furent pas seulement les théoriciens de l'indifférence ou du dédain, Diogène le Cynique et ses pareils, Pyrrhon, Ariston de Chios Épictète; ce furent aussi les plus éminents novateurs, Thalès, Pythagore et les pythagoriciens des premiers temps, Socrate, Arcésilas, Carnéade, Ammonius Saccas; auxquels certains critiques de l'antiquité ajoutaient Euclide de Mégare, Stilpon et Bryson, tous deux Mégariens, Ménédème d'Érétrie, Aristippe de Cyrène, Théodore l'Athée (1), auxquels la critique moderne ajoute encore le plus intelligent des disciples de Carnéade, Métrodore de Stratonice (2). Platon et les socratiques, prenant un moyen terme, rédigèrent des dialogues au lieu d'exposer méthodiquement leurs doctrines, et Platon a exposé dans le *Phèdre* les raisons de son antipathie pour l'écriture, c'est-à-dire, si l'on veut lire entre les lignes, pour l'écriture qui n'est pas une reproduction ou une imitation de la parole vivante, du dialogue oral. Enfin Platon lui-même s'est refusé à écrire sa dernière doctrine philosophique, la formule définitive de sa pensée, qui est ainsi restée mystérieuse pour les modernes (3). Mais écrire, composer, c'est déjà organiser;

(1) Diogène Laërce, *Proœmium* et *passim*; Plutarque, *De Alexandri seu virtute seu fortuna*, I, 4.

(2) Brochard, *les Sceptiques grecs*, p. 188.

(3) Voir dans la *Revue des cours littéraires* du 13 mai 1865 la traduction d'un discours d'Ernest Curtius sur « la parole et l'écriture chez les Grecs », où sont expliquées avec la plus pénétrante finesse les causes profondes du dédain relatif professé par les Hellènes pour l'écriture; l'auteur de cette remarquable étude

par la parole seule on ne peut fonder que des religions ou des philosophies, on ne peut rien faire pour la science proprement dite, laquelle a besoin d'être fixée, à mesure qu'elle se fait, sous une forme matérielle et durable.

IX

Ces causes morales ou intellectuelles qui se rattachent intimement aux caractères permanents de l'esprit grec sont les seules vraies, les seules auxquelles on puisse sérieusement rapporter la responsabilité de l'événement négatif que nous avons raconté. C'est en vain qu'on invoquerait à leur place diverses circonstances matérielles, diverses lacunes de la civilisation antique, et qu'on dirait : La science ancienne a avorté parce que les anciens n'avaient ni l'imprimerie, ni la poste, ni les Universités et les Instituts des nations modernes, ni leurs laboratoires et leurs instruments de précision, toutes choses qui servent tant aujourd'hui à la création et à la diffusion des idées scientifiques. Ce sont là des faits purement accessoires, les uns sans portée réelle, les autres corrélatifs à l'absence d'esprit scientifique, connexes à l'échec des grandes entreprises, et qui s'expliquent par les mêmes causes, bien loin d'être capables d'en fournir eux-mêmes la raison.

A l'égard des instruments et des laboratoires, nous avons déjà répondu en citant une réflexion très juste de Ch. Thurot. Les instruments de mesure sont nés du besoin ou de l'idée de mesurer. La division de la propriété n'est pas une conséquence de l'arpentage; mais, au contraire, l'arpentage est né du besoin de limiter et de mesurer des étendues de terrain déjà considérées comme distinctes. De même, c'est l'esprit mathématique introduit par Galilée dans la physique qui a donné l'impulsion à la recherche d'instruments propres à donner des mesures précises. Le pendule, le thermomètre, le baromètre, sont des produits de la physique numérique et expérimentale; chacun d'eux marque une étape dans la marche progressive de la science; des expérimentations en ont préparé et permis l'invention; une fois créés, ils ont servi à faire de nouvelles expériences et de nouvelles découvertes; mais ils

prend les choses par le côté favorable; il admire chez les Grecs de la belle époque ce raffinement de spiritualisme; notre point de vue, on le comprend, est différent; d'ailleurs, si certains Grecs, infidèles à l'idéalisme primitif de leur race, n'avaient écrit des livres, comment saurions-nous que d'autres, plus vraiment Hellènes, n'ont rien écrit? et quels documents auraient permis à Curtius de comprendre les subtiles et nobles raisons de leur abstention? On retrouve les mêmes idées dans l'*Histoire grecque* du même auteur, t. II, pp. 56 et suiv., 575 et suiv.

ont été des résultats avant d'être des instruments. Il en est de même de tous les mécanismes ou agencements qui servent aux expériences; pour vérifier une hypothèse, on imagine une expérience, c'est-à-dire qu'on ajoute à l'hypothèse de la loi l'hypothèse de l'expérience qui permettra de la vérifier; cette expérience se fera par tels matériaux disposés de telle manière; on construit donc le mécanisme plus ou moins durable qui rendra l'expérience possible; enfin ce mécanisme est mis en jeu; c'est l'expérience même. L'idée a tout préparé, tout dirigé; la matière n'a fait qu'obéir. Ni Abdère, ni Athènes, ni Alexandrie n'ont eu des laboratoires, parce que les savants d'Abdère, d'Athènes, d'Alexandrie, n'ayant pas l'idée vraie de la science et de ses conditions, ne sentirent pas le besoin d'en organiser. Galilée fit des expériences et fonda pratiquement la physique expérimentale dans une situation matérielle et morale qui n'était pas en somme plus favorable que celle où s'étaient trouvés les savants grecs. S'il réussit où ils avaient échoué, c'est que dès ses premières entreprises il pensa juste sur la méthode à suivre et qu'il eut l'énergie d'appliquer ses idées jusqu'aux succès éclatants qui en assurèrent le triomphe.

Il est certain que la poste, d'une part, et les académies de l'autre, ont, chez les modernes, grandement contribué à développer les relations mutuelles des savants, leur émulation, la critique raisonnée de leurs idées, et à créer une sorte d'opinion publique sur les choses de science. Mais les anciens Grecs communiquaient à leur manière et sans difficulté. Si les relations postales étaient alors dans l'enfance, en revanche ils voyageaient plus que les savants modernes, et, quand ils se rencontraient, ils bavardaient et disputaient entre eux plus que n'ont jamais fait les académiciens des temps modernes. Platon a connu toutes les doctrines de son temps, sauf celle de Démocrite; Aristote les a connues toutes sans exception. Les anciens ont conçu autrement que nous la société des chercheurs de vérité; elle était principalement pour eux ce qu'elle n'est pour nous qu'accidentellement, une arène, une occasion de discuter, une dialectique contradictoire. S'ils avaient connu et pratiqué comme nous les méthodes fécondes auxquelles est dû le progrès continu de la science moderne, sans doute ils eussent conçu comme nous les relations mutuelles des savants; celles-ci eussent été moins processives; les savants, même rivaux, d'accord sur les principes et sur la méthode, eussent collaboré à la même œuvre, et le véritable esprit critique n'eût fait qu'y gagner. D'ailleurs, quand Galilée, Descartes, Bacon, Pascal, par leurs idées et leurs travaux, fondaient la science moderne, la poste était fort mal organisée, et les académies savantes, notre Académie des sciences en particulier, ont été fondées après la science, pour la constater, la continuer, la développer, l'organiser; elles dérivent de l'idée de la science, bien loin que l'idée de la science trouve en elles son origine.

Quant aux Universités, si elles ont servi de tout temps à multiplier, grâce au professorat, le nombre des hommes savants, des érudits, des esprits en possession de ce que l'on considérait à chaque moment comme la vérité établie, elles ont été longtemps les citadelles de l'esprit de routine, les adversaires aveugles de toute innovation. Viète, Descartes, Bacon, Pascal purent innover librement parce qu'ils vécurent indépendants des Universités, et Galilée, qui fut professeur à Pise et à Padoue, dut lutter contre ses maîtres pour faire accepter sa méthode et ses découvertes. L'esprit scientifique moderne dut conquérir les Universités avant de les utiliser à ses fins, et l'enseignement de la science faite cessa alors seulement d'être un danger pour la science véritable. Ainsi les Universités n'ont pas fondé la science et elles n'ont servi à son progrès que lorsque l'esprit de la science les eut pénétrées.

Faute d'Universités, les anciens n'eurent jamais d'enseignement de la science faite, de la vérité acquise, et plus d'une découverte précieuse fut ainsi promptement oubliée. Mais c'est qu'ils ne se sentirent jamais en possession d'une telle science et d'une telle vérité, faute d'être jamais sortis de la physique philosophique et hypothétique, spéculation essentiellement instable, dont les principes et les méthodes prêtaient toujours à la discussion. Pour eux comme pour nous la physique était la science par excellence, la science centrale; mais elle ne fut une science faite qu'à partir de Galilée, c'est-à-dire quand l'expérimentation lui eut donné la stabilité. Si seulement les lois de la chute des corps et la théorie du pendule avaient été trouvées dans l'antiquité, le reste aurait suivi, et sans doute on eût songé à enseigner dans les écoles la science acquise, la science indiscutée, et à la répandre par des manuels.

Reste la question des livres et de l'imprimerie (1). Si la science a toujours employé le livre pour se fixer et se répandre, il est certain que cet instrument est aujourd'hui infiniment mieux

(1) L'influence de l'imprimerie a été exagérée surtout par Volney, dont la thèse déclamatoire a été déjà critiquée, mais à un autre point de vue, par E. Egger, dans un mémoire sur *l'Influence de l'introduction en Grèce du papyrus égyptien* (*Essai sur l'histoire de la critique chez les Grecs*, 1849, Appendice), qui sera prochainement réimprimé.

adapté à ses fins, plus sûr et plus maniable, qu'il n'était dans l'antiquité. L'imprimerie garantit beaucoup mieux qu'une série de copies manuscrites la fidélité des reproductions d'un manuscrit original. D'autre part, le rouleau (*volumen*) suffisait, à la rigueur, pour la lecture des écrits littéraires; il était d'une extrême incommodité pour l'usage de la science, qui lit moins les textes qu'elle ne les consulte et les cite. Enfin, une des conséquences de l'invention de l'imprimerie a été d'opérer une sélection parmi les productions manuscrites des écrivains; un manuscrit doit avoir une certaine valeur pour mériter les soucis et les dépenses que nécessite sa transformation en livre imprimé; chez les anciens, le *volumen* créait une sorte d'égalité injuste entre les œuvres parfaites, les médiocres et les pires; les chefs-d'œuvre existaient à trop peu d'exemplaires; les mauvais livres en avaient aisément autant; ainsi s'explique en partie la prompte disparition de beaucoup d'œuvres éminentes et la conservation de compilations informes, comme, par exemple, celle de Diogène Laërce; les Grecs, surtout après Aristote, écrivaient trop; entre celui qui n'écrivait que pour lui-même et quelques amis et celui qui visait la gloire et songeait à la postérité, il n'existait pas, comme aujourd'hui, une distinction précise fondée sur un fait matériel et économique; aussi devint-il bientôt très malaisé de bien composer une bibliothèque; celle d'Alexandrie, celle de Pergame, étaient des amas de livres plutôt que des collections bien ordonnées, et les *canons* par lesquels les Alexandrins essayèrent de désigner les auteurs les plus dignes de respect et d'étude ne pouvaient suffire à mettre de l'ordre dans ce chaos.

Mais il faut se garder d'exagérer l'influence de ces faits incontestables. D'abord le *volumen* fut remplacé, dans les premiers siècles de l'ère chrétienne, par le livre tel que nous l'entendons, c'est-à-dire par un ensemble de cahiers réunis par une reliure (1); ce fut un progrès considérable et plus important peut-être que l'invention de l'imprimerie; mais il vint trop tard, à une époque de décadence intellectuelle où personne ne pouvait en tirer parti, tandis que l'imprimerie apparut à une heure éminemment favorable; elle coïncide avec la Réforme et la Renaissance, avec tout

(1) La date exacte de cette invention est incertaine; le *Virgile* du Vatican, qui passe pour le plus ancien spécimen conservé jusqu'à nous d'un livre proprement dit, est selon les uns du IIe siècle, selon d'autres du Ve seulement. Certains manuscrits de la Bible lui sont peut-être antérieurs. Il est douteux que l'antiquité païenne ait connu ce que nous appelons le livre, et l'on a soutenu que le besoin de posséder des exemplaires solides et durables de la Bible a été l'occasion de ce progrès.

un libre mouvement intellectuel auquel le livre sous sa forme nouvelle fut intimement associé. Quant à la fixité des textes, l'imprimerie permet de l'obtenir plus aisément ; mais elle n'en est pas la condition nécessaire et suffisante. Si l'esprit public se désintéresse de la correction des textes, l'imprimerie ne suffira pas à l'assurer ; elle donne ce qu'on lui demande. A l'époque du *volumen* on a parfois demandé des textes exacts, et il s'est trouvé des praticiens consciencieux qui ont assez bien réussi à les fournir. Certes le métier d'éditeur était difficile alors ; il était possible pourtant, puisque nous possédons d'Homère, Thucydide, Platon, Virgile, des textes bien établis, revisés avec un soin scrupuleux, transmis jusqu'au moyen âge par des copistes-éditeurs d'une grande habileté technique et d'un zèle irréprochable. Aristote eût pu être traité de la même manière, si quelqu'un dans son école ou parmi les Alexandrins se fût donné cette tâche en temps utile ; nous avons vu qu'il n'en fut rien ; la sottise des hommes en est seule responsable. La même observation s'applique aux ouvrages d'Euclide et d'Archimède, qui nous sont parvenus incomplets. Ce que les anciens surent faire pour les chefs-d'œuvre de la littérature, ils n'eurent pas souci de le faire pour les monuments de la science ; c'est que l'esprit scientifique n'exista jamais chez eux d'une façon durable, tandis qu'ils eurent toujours un pieux respect pour leurs grands poètes et leurs grands écrivains, alors même qu'ils ne savaient plus les comprendre. Enfin, c'est par un pur accident historique que l'imprimerie s'est trouvée servir à la diffusion et au triomphe de la libre pensée ; inventée au moyen âge, elle eût été, comme les Universités, au service des autorités alors admises ; elle eût multiplié les exemplaires de la *Somme* et fortifié la domination d'Aristote et des Écritures. Quand on parle de l'imprimerie comme d'un agent de liberté intellectuelle, on songe moins à sa nature même qu'à son usage actuel ; dans telle situation sociale que les Occidentaux n'ont jamais connue, elle pourrait être un terrible instrument de l'oppression des esprits ; il suffit de la supposer monopolisée par une tyrannie politico-religieuse, par une orthodoxie immobile et intolérante, et servant exclusivement à répandre à des milliers d'exemplaires un catéchisme imprimé et cliché. Quant à la vertu sélective de l'imprimerie, elle a de bons ou de mauvais effets selon l'état de l'esprit public ; si la mode passe du vrai au faux, si elle vient à préférer la sottise à la sagacité, l'imprimerie favorisera l'erreur et la sottise, et les meilleurs manuscrits ne trouveront pas d'imprimeurs. Supposons qu'il se produise au cours du XXe siècle une baisse de l'esprit scientifique; l'imprimerie fera mieux que la constater, elle lui prêtera ses bons offices. Même aujourd'hui, et sans parler des journaux quotidiens, les romans médiocres ou mauvais, les livres d'enseignement primaire et les livres de messe occupent plus nos typographes que les chefs-d'œuvre de l'esprit humain; la sélection des bons ouvrages se fait de nos jours par l'imprimerie, mais seulement dans la mesure où l'esprit de notre temps la lui commande. Nous pouvons donc considérer comme établie cette conclusion que l'imprimerie fut pour la science moderne un simple auxiliaire, un agent précieux d'organisation et d'accélération, mais qu'elle n'a pas joué à son égard le rôle d'une cause.

X

Si nous avons exactement dégagé les raisons qui empêchèrent le progrès et l'organisation de la science ancienne, nous devons trouver dans des phénomènes opposés les antécédents de la science moderne. Celle-ci est un organisme dont les éléments visibles s'appellent Universités, Académies savantes, publications périodiques, livres imprimés, mais dont le moteur réel est l'usage réfléchi de la méthode expérimentale et dont l'inspiration première et secrète est une curiosité désintéressée, le désir simple de savoir ce qui est. Or nous avons vu que les anciens n'eurent pas, après Aristote, cette paix de l'âme qui permet de s'attacher sans arrière-pensée à la recherche du vrai; nous avons vu également qu'ils n'eurent à aucune époque l'esprit d'organisation et l'esprit de suite par qui les Académies, les Universités sont fondées et entretenues, par qui sont associées à une même œuvre plusieurs générations successives; nous avons vu enfin qu'ils furent incurablement attachés à la dialectique, et qu'ils ne possédèrent jamais, du moins pendant les périodes d'activité intellectuelle où ils auraient pu en tirer parti, ni la méthode expérimentale, ni l'idée qui en est inséparable, l'idée du non-démontré, du non-déduit, du constaté, du synthétique, en d'autres termes l'idée de la science inductive et de la loi. Ces trois conditions de la science se trouvèrent réalisées pendant le moyen âge, et le moyen âge, qui estimait médiocrement la science ou qui l'entendait tout de travers, se trouve ainsi avoir à son insu préparé l'épanouissement de la science désintéressée dans les temps modernes.

En premier lieu, le triomphe du christianisme délivra les esprits de la préoccupation absorbante qui, depuis le IIIe siècle avant l'ère chrétienne, avait arrêté le développement de l'esprit scientifique. C'est une vérité bien connue que l'autorité de l'Église créa une solidarité des âmes et des volontés qui fut longtemps la seule unité et la principale force des États occidentaux; la foi chrétienne sauva de l'anarchie le moyen âge européen; par elle furent conquis et assimilés les Germains et les Slaves; par elle fut repoussée l'invasion musulmane; le christianisme fut donc une grande force sociale. En même temps il apaisait les inquiétudes d'où le stoïcisme et les doctrines rivales étaient sorties; fournissant à tous les chrétiens un état d'âme commun, leur imposant des solutions arrêtées sur la destinée humaine et sur les devoirs de la vie présente, interdisant aux libres recherches et les questions morales et les questions métaphysiques, l'autorité de l'Église émancipait la science; car elle donnait aux esprits le loisir de chercher paisiblement la vérité dans l'ordre des sciences positives. Sans doute cette conséquence ne fut pas aperçue tout d'abord (1); déshabitués des efforts indépendants, les esprits curieux de vérité spéculative cherchèrent d'instinct une autorité, et ils crurent la trouver dans Aristote. Mais un jour vint où ils se fatiguèrent de la servitude, et ils s'aperçurent alors qu'il leur était permis de secouer un joug qu'aucune force ni matérielle ni morale ne leur avait imposé; ils s'aperçurent que la science était libre, l'Église n'étendant pas jusque-là son autorité. Les défenseurs attardés d'Aristote ne pouvaient invoquer en leur faveur aucun argument ni de fait ni de droit; ils devaient fatalement succomber quand on proclama la liberté de contredire le maître.

On a exagéré l'importance des conflits qui se produisirent aux frontières des deux domaines. Galilée eut quelques graves ennuis, qui ne l'empêchèrent pas d'accomplir jusqu'au bout son œuvre de savant; Descartes cacha par timidité et laissa perdre ainsi son ouvrage le plus étendu, qui aujourd'hui ne nous apprendrait rien; ce sont là des accidents sans conséquence. En fait, la science fut libre, honorée, florissante aux XVIe, XVIIe, XVIIIe siècles; elle eut le loisir d'asseoir solidement ses fondements et d'édifier ses premiers étages, parce que, durant toute cette période, la morale restait dépendante de l'Église, et avec la morale, dans une moindre

(1) L'indépendance de la science positive, empirique et mathématique, et la séparation rigoureuse des deux domaines ont pourtant été formulées par Duns Scot et par son disciple Occam avec une netteté qui ne laisse rien à désirer (Ch. Waddington, *Mémoire sur l'autorité d'Aristote au moyen âge*, pp. 40-45; Académie des sciences morales, 1877). Mais le même Occam a contribué à fortifier encore davantage l'autorité d'Aristote dans le domaine réservé à la raison humaine (*Id.*, pp. 46 et suiv.).

mesure pourtant, la métaphysique. « Mettant à part » les vérités révélées et se gardant bien de les contredire dans leurs systèmes, Descartes et Leibniz (sans parler des penseurs plus étroitement attachés à l'Église, tels que Malebranche et Berkeley) eurent, comme les purs savants du même temps, la paix de l'âme et de la vie. Au contraire, les novateurs imprudents qui voulurent changer radicalement la métaphysique traditionnelle, Giordano Bruno, Spinosa, firent scandale, parce qu'ils n'eurent pas le sens de leur époque.

Le dogme chrétien n'osa jamais s'incorporer l'aristotélisme de saint Thomas, cette orthodoxie philosophique et scientifique que les docteurs du moyen âge lui avaient, en fait, associée. On peut se demander si ce fut sagesse ou imprudence. Ce fut plutôt sagesse; sans doute l'Église eût hâté la révolte de la libre pensée en ne lui laissant aucun champ où elle pût s'exercer. Faisant sa part au libre exercice de l'intelligence, limitant elle-même sa propre autorité, l'Église prolongea de plusieurs siècles son empire sur les âmes et sur les croyances; une sorte de Concordat s'établit ainsi entre la foi et la raison, grâce auquel la paix régna longtemps dans les consciences et dans les esprits. Mais au bout de deux siècles ce Concordat fut dénoncé; la spéculation libre se sentit assez puissante pour franchir les limites du domaine réservé. On la vit alors avec Voltaire critiquer et railler la religion, avec Hume et Kant émanciper la métaphysique ou en saper les fondements, avec Gœthe réhabiliter Spinosa, avec Kant et J.-J. Rousseau émanciper la morale; elle reprit alors les ambitions illimitées des penseurs de la Grèce; mais elle était constituée; elle avait grandi à l'ombre tutélaire de la foi; elle lui devait les audaces avec lesquelles elle osa la combattre.

Ce n'est pas tout. L'incomparable organisation de l'Église servit de modèle aux États modernes, qui se constituèrent à son exemple assez forts pour pouvoir lui résister au besoin. L'histoire du moyen âge est le récit d'un incessant effort pour faire cesser l'éparpillement et la discorde, pour grouper des forces auparavant éparses ou opposées; tous ceux qui ont l'intelligence et l'énergie travaillent à condamner des hérésies, à vaincre des féodalités, à organiser de grands États, à unifier, coordonner, centraliser; l'Église et l'État rivalisent de zèle pour fonder des institutions durables, pour en assurer le succès et le développement. La science, une fois commencée, s'inspira tout naturellement de ces exemples; dès qu'elle en eut l'occasion et les moyens, elle se montra sous l'aspect qu'elle a encore aujourd'hui, celui d'une tradition progressive et d'un ensemble coordonné d'efforts individuels. D'ailleurs les exemples qui lui vinrent de l'Église ne concernaient pas seulement les institutions; ils avaient une portée plus intime; le système des idées chrétiennes se fit surtout par une suite de conciles, c'est-à-dire par des procédés inconnus aux anciens, procédés que la science moderne a imités et que tous les jours elle imite davantage. L'idée du progrès dans la possession de la vérité a été appliquée au dogme chrétien avant de l'être aux lois de la nature; il règne assurément dans les congrès scientifiques d'aujourd'hui un autre esprit que dans les conciles du moyen âge; mais ils ont les mêmes méthodes de travail, et ils visent le même but, qui est l'accord et le progrès des convictions humaines.

La centralisation politique était favorable à la science; les capitales des grands États étaient des sièges tout indiqués pour y fonder et y voir prospérer des Universités, des imprimeries, des bibliothèques, des Académies. Dès qu'elle fut mise en train, la science se hâta de profiter de ces avantages et aussi de tous les progrès de la civilisation ou de l'industrie, afin de compléter son outillage, afin d'étendre et d'affermir son organisation. Elle se servit de l'imprimerie pour se fixer, de l'imprimerie encore et de la poste pour se répandre, de tous les progrès techniques de l'industrie pour meubler les laboratoires; mais surtout elle se servit des grandes villes pour obtenir des assentiments, des contrôles, des coopérations, pour fonder à leur vraie place les Universités savantes, les Académies laborieuses, les bibliothèques, les laboratoires, pour se vulgariser par l'enseignement et par les journaux. La Grèce, émiettée en cités rivales, se complaisait dans des formes politiques assurément favorables à l'art, aux systèmes philosophiques, à tout ce qui est individuel, mais incommodes pour la science, qui est une œuvre collective et de longue haleine. La science est une chose moderne, parce que l'État moderne était le milieu naturel et la condition de son développement.

Quant à la méthode expérimentale, le moyen âge assurément ne l'a pas connue; mais les alchimistes pratiquaient l'expérimentation. Théophraste, nous l'avons vu, semblait croire que l'industrie et la science sont choses bien distinctes et que le savant ne se sert de ses mains que pour écrire; le laboratoire des alchimistes a détruit ce préjugé; l'un d'eux, Pierre de Maricourt, le maître préféré de Roger Bacon, donnait à son disciple le goût et l'habitude d'observer toutes choses sans rien dédaigner, de chercher les inventions utiles « et de se servir de ses mains autant que de son intelligence » (1). Sans doute leurs manipulations faites sans méthode et sans balance, dans une intention de lucre plus que de science, n'avaient ni la rigueur ni le désintéressement des expériences de Galilée; sans doute aussi ils abordaient prématurément des problèmes trop complexes; mais peut-être Galilée pensait-il à suivre leur exemple quand, rompant avec la routine péripatéticienne, il se faisait ouvrier pour découvrir les lois de la nature.

Enfin l'enseignement de l'Église prépara les esprits à ce que nous appelons aujourd'hui le positivisme, c'est-à-dire à la science inductive. Rappelons-nous ce qu'était l'idée de la science chez les anciens (2) : c'était l'idée d'une science démonstrative, déductive, analytique, qui explique les choses en les rattachant à des principes *a priori* (3), qui dérive d'une nécessité éternelle le fait, le phénomène passager, l'événement en apparence fortuit, pour qui le doute et le probable ne sont que des étapes de la recherche, qui a l'ignorance et l'étonnement pour points de départ, mais qui les guérit en donnant des certitudes aux intelligences, et qui fait la certitude en développant par le raisonnement un certain nombre d'évidences primordiales. Ainsi entendue, la science ne pouvait être que philosophique, à la manière d'Aristote, ou mathématique, à celle d'Archimède. Assurément cette conception de la science fut battue en brèche d'abord par Arcésilas et Carnéade, inventeurs et défenseurs du probabilisme en face du « dogmatisme insupportable » des stoïciens (4), puis par les sceptiques de la seconde période, par ces médecins empiristes dont Ménodote fut le plus éminent. Mais ces adversaires ne firent que contredire; ils ne surent rien fonder; s'ils eurent l'idée du probable et l'idée de la vérité non démontrée (5), ils ne surent pas les appliquer; ils ne changèrent pas l'idée hellénique de la science.

(1) Ém. Charles, art. Roger Bacon, dans le *Dictionnaire des sciences philosophiques.*

(2) Cf. Brochard, *les Sceptiques grecs*, pp. 376, 379, 420-421.

(3) « Nous croyons savoir une chose d'une manière absolue quand nous pensons savoir quelle est la cause qui produit cette chose et que la chose ne saurait être autrement. C'est là savoir par démonstration, etc. » Telle est la doctrine développée par Aristote dans le premier livre des Seconds Analytiques. Bossuet traduit ainsi la pensée d'Aristote : « Le fruit de la démonstration est la science » (*Connaissance de Dieu et de soi-même*, I, 13), et Bacon : *Vere scire per causas scire.*

(4) Brochard, ouvr. cité, p. 175.

(5) *Id.*, pp. 295, 343 et suiv., 363 et suiv., 369 et suiv., 383, 400 et suiv., 414. Cf. les vues de M. Ravaisson sur le même sujet, pp. 294-295, 303, 315-317 de son Rapport sur le scepticisme dans l'antiquité (à la suite de *la Philosophie en France au XIX*e *siècle*, 2e édition).

Pendant la longue durée du moyen âge une idée toute différente de la vérité s'enracina à loisir dans les esprits. Nous disons *de la vérité* et non *de la science;* car posséder la science, c'est savoir, et savoir, au vrai sens du mot, c'est comprendre, ne plus s'étonner, tenir la raison des choses. La vérité chrétienne ne pouvait être présentée aux fidèles comme un système de démonstrations bien liées, comme un enchaînement d'évidences; elle leur fut enseignée comme un ensemble de croyances qu'il fallait admettre sans preuves. L'étonnement ne fut plus interdit à l'esprit instruit dans la vérité; car on donnait le nom de vérité à une suite de propositions souvent extraordinaires et plutôt juxtaposées ou superposées que logiquement coordonnées; bien plus: l'inexplicable, l'indémontrable, le *mystère* étaient posés comme les caractères de la suprême vérité. Lorsque l'autorité d'Aristote cessa de stériliser l'étude de la nature, lorsque les savants s'aperçurent que c'était là un domaine ouvert à la pensée libre, ils y portèrent, sans rencontrer de bien sérieuses résistances, un genre de dogmatisme que le christianisme avait vulgarisé en l'appliquant aux idées métaphysiques et à la morale. Les esprits étaient familiarisés avec l'idée de la vérité de fait qui s'impose sans explication et sans déduction démonstrative; ils se trouvaient disposés à accepter dans sa forme générale ce que nous appelons aujourd'hui la science positive, ce mode de spéculation qui établit des lois, mais ne les prouve pas, et qui refuse de répondre aux *pourquoi* indiscrets de l'esprit logique ou mathématique. S'il est vrai, comme on l'a dit, que le « renoncement à l'intelligibilité des choses » soit un des caractères essentiels de l'esprit scientifique (1), la foi du moyen âge a bien préparé la science moderne.

La science explicative et *certiste* des anciens reposait sur une fausse théorie de la connaissance; les sceptiques grecs l'avaient montré avant les philosophes modernes criticistes et phénoménistes qui refirent leur démonstration contre le dogmatisme des métaphysiciens du XVIIe siècle. La science moderne, étant inductive, est *probabiliste* (2); elle réalise l'idéal modeste et pratique entrevu par Arcésilas, Carnéade, Zénon l'Épicurien, Ménodote, Sextus; mais tous ces penseurs étaient absolument oubliés quand elle commença; en fait, elle a été préparée par l'enseignement

(1) Ém. Boutroux, *Revue philosophique*, mai 1889, p. 502. — Cf. Clay, *l'Alternative*, p. 628, trad. fr.: « La philosophie, à cause de sa rigueur en matière de preuve, s'est attardée à de vaines recherches, tandis que la science a prospéré grâce à un certain relâchement en matière de preuve. »

(2) Brochard, ouvr. cité, p. 424.

chrétien *fidéiste;* le christianisme, pour qui sait voir au fond, était et est encore une grande école de scepticisme, scepticisme fondé sur la vanité de la raison, et ainsi opposé à l'idée ancienne de la science, qui reposait, comme toute philosophie intellectualiste ou rationaliste, sur une foi aveugle dans la portée de l'intelligence. Mais le fidéisme chrétien préparait le probabilisme ; car il réconcilie dans son idée même le scepticisme et l'affirmation, et sa longue domination a surabondamment prouvé qu'une ferme croyance peut avoir un autre fondement que l'évidence (1).

L'alchimie contribua de son côté à répandre l'idée d'une vérité de fait qui résiste à la démonstration et qui ne peut être dérivée d'un principe intelligible ; si elle fut d'abord dédaignée par les anciens, si ensuite elle fut considérée comme un art démoniaque ou divin, c'est justement parce qu'elle avait ce caractère mystérieux, contraire à l'idée traditionnelle de la science ; mais à la longue elle troubla de moins en moins les esprits ; elle eut sur eux une lente influence, et elle collabora avec l'enseignement chrétien, qui la redoutait, à la transformation graduelle de l'idée du vrai.

Il en fut de la morale comme de la science spéculative. L'opposition si souvent remarquée entre le point de vue des philosophes anciens et celui des philosophes modernes s'explique par la morale religieuse du christianisme. Les anciens cherchaient à définir le souverain bien, ou simplement le bien ; les modernes, c'est-à-dire Kant et ses successeurs, cherchent à définir le devoir ; et les anciens traitaient ce problème du bien par cette même méthode dialectique qui a toujours eu leurs préférences dans les recherches de pure théorie. Mais chercher ainsi *ce qui est excellent*, c'était se condamner à ne pas aboutir, car c'était vouloir déduire analytiquement ce qui doit être de ce qui est. La morale chrétienne procède beaucoup plus simplement : elle pose arbitrairement un certain

(1) Je n'ai connu qu'après l'entier achèvement de ce travail la conférence de Du Bois-Reymond intitulée : *l'Histoire de la civilisation et la Science de la nature* (traduite en français dans la *Revue scientifique* du 19 janvier 1878), dont toute la première partie est consacrée à la question même qui fait l'objet de cette étude ; elle est traitée par le savant physiologiste de Berlin avec un esprit tout français mis au service d'idées purement allemandes qui, sur le problème capital des causes, l'égarent étrangement. Pour lui comme pour nous, le moyen âge a préparé la science moderne ; mais voici comment : le polythéisme de l'antiquité, religion libérale qui laissait la foi flottante, ne pouvait inspirer l'idée de la vérité absolue ; celle-ci, qui est l'idée de la science moderne, a son origine dans le monothéisme intolérant des hébreux, des mahométans et des chrétiens. On a vu que nous soutenons, avec preuves à l'appui, la thèse justement contraire : les anciens, religion à part, n'ont eu que l'idée de la vérité absolue ; la science moderne repose sur l'idée d'une vérité relative, idée que la foi chrétienne était parfaitement propre à inspirer.

nombre de devoirs, sans même prétendre les dériver par déduction les uns des autres; elle maxime sans démonstration tout ce qui lui paraît devoir être exécuté; ce sont des ordres catégoriques; chaque précepte a son indépendance, son autonomie propre. Or, Kant et son précurseur J.-J. Rousseau n'ont pas conçu autrement le devoir ou les devoirs; ils ont seulement ajouté à l'autonomie du précepte l'autonomie de la conscience dans laquelle il apparaît et à laquelle il commande. Pour eux, comme pour le christianisme, on ne déduit pas le devoir; c'est une vérité de fait, une vérité qui s'impose sans preuve.

L'idée ancienne de la science a d'ailleurs reparu au début de l'époque moderne et avec plus d'éclat peut-être qu'elle n'en avait jamais eu dans l'antiquité. Aucun ancien ne l'a conçue avec une aussi parfaite rigueur que Descartes et Spinosa. Mais, à l'inverse de ce qui s'était passé dans l'antiquité, c'est la science déductive qui échoua chez les modernes. Galilée et Bacon avaient précédé Descartes; le premier avait eu quelques disciples, quelques imitateurs; le second avait laissé un livre qu'on lisait; cela suffit pour entraîner les esprits dans une voie nouvelle; le génie de Descartes ne parvint pas à les en détourner. Lui-même d'ailleurs faisait sa part à l'esprit nouveau; il déduisait avant tout; mais ensuite il expérimentait, pour constater l'accord de la nature avec ses théories. Après Descartes, le mouvement antidéductif de la pensée moderne fut lent, mais continu et irrésistible. Pendant que les physiciens expérimentateurs se succèdent sans interruption et pratiquent l'induction avec un succès toujours croissant, les philosophes sont peu à peu attirés vers leurs méthodes; ils s'appliquent à dégager l'esprit de la science nouvelle, et ils s'en pénètrent eux-mêmes dans les spéculations qui leur sont propres; la vérité synthétique occupe une place de jour en jour plus grande et dans les logiques et dans les systèmes; ils font la théorie de l'induction et ils prétendent appliquer eux-mêmes l'induction aux problèmes qui leur sont réservés; la psychologie, science philosophique, mais science d'observation, a une part toujours plus grande et plus prééminente dans la philosophie. Spinosa seul, qui par sa méthode comme par son caractère et sa morale semble un sage antique égaré dans les temps modernes. reste étranger à cette contagion. Malebranche, dans sa théorie des causes occasionnelles, montre qu'il comprend à merveille la causalité naturelle; il a le goût des questions positives en physique et en psychologie, et il en traite plus d'une avec bonheur. Leibniz, esprit encyclopédique et observateur, est curieux, comme Aristote, des faits de tout ordre et de toute provenance ; mais, plus clairvoyant qu'Aristote, il comprend que la méthode qui conduit à la vérité n'est pas unique : il oppose le principe de raison suffisante, qui régit les sciences de la nature, au principe de contradiction, qui régit la déduction. Bientôt il devient évident que la direction du mouvement philosophique moderne n'appartient plus aux métaphysiciens français ou allemands, partisans plus ou moins absolus de la déduction, mais aux psychologues anglais, observateurs patients, théoriciens de l'empirisme et du phénoménisme. Déjà Locke avait obligé Leibniz à lui concéder beaucoup pour le mieux réfuter ; Hume joue un rôle analogue à l'égard de Kant, qui sous son impulsion pose la théorie capitale du jugement synthétique. En France, l'esprit des Anglais inspire Condillac, auquel fait suite Maine de Biran ; après Maine de Biran, la philosophie écossaise inspire nos éclectiques. Deux fois l'Allemagne essaie de s'émanciper de cette tutelle qui répugnait à son génie et de fonder un dogmatisme philosophique pur de tout esprit empiriste et probabiliste ; d'abord c'est Wolf qui compromet dans cette tentative la philosophie de Leibniz ; plus tard, après Kant, ce sont les grands métaphysiciens idéalistes, Fichte, Schelling, Hegel, sous l'influence desquels pendant trente ans la jeunesse allemande s'enivre d'*a priori* et se passionne à construire le monde sans l'observer ; mais cette fièvre n'a eu qu'un temps. Aujourd'hui, non seulement la légitimité de la métaphysique est contestée, mais l'idée de l'*a priori* sous toutes ses formes est battue en brèche, et même les principes de mathématiques sont envahis par la théorie empiriste. Ce n'est pas ici le lieu d'exposer en détail comment l'esprit positif a pénétré la philosophie du XIXe siècle, ni de juger les prétentions du positivisme et du phénoménisme ; qu'elles soient ou non excessives et illégitimes aux yeux de la raison, toujours est-il que l'esprit métaphysique et déductif lutte aujourd'hui pour garder une place dans le monde de la spéculation envahi, conquis dans son ensemble par l'esprit scientifique moderne, par l'esprit de la science inductive. Les vaincus de l'antiquité ont eu des héritiers qui sont les vainqueurs de notre temps.

Paris. — Typ. G. Chamerot, 19, rue des Saints-Pères. — 26510

PARIS

TYPOGRAPHIE GEORGES CHAMEROT

19, rue des Saints-Pères, 19

www.ingramcontent.com/pod-product-compliance
Ingram Content Group UK Ltd.
Pitfield, Milton Keynes, MK11 3LW, UK
UKHW012259240726
13966UKWH00004B/1496